T0209536

**essentials**

*essentials* liefern aktuelles Wissen in konzentrierter Form. Die Essenz dessen, worauf es als „State-of-the-Art" in der gegenwärtigen Fachdiskussion oder in der Praxis ankommt. *essentials* informieren schnell, unkompliziert und verständlich

- als Einführung in ein aktuelles Thema aus Ihrem Fachgebiet
- als Einstieg in ein für Sie noch unbekanntes Themenfeld
- als Einblick, um zum Thema mitreden zu können

Die Bücher in elektronischer und gedruckter Form bringen das Expertenwissen von Springer-Fachautoren kompakt zur Darstellung. Sie sind besonders für die Nutzung als eBook auf Tablet-PCs, eBook-Readern und Smartphones geeignet. *essentials:* Wissensbausteine aus den Wirtschafts-, Sozial- und Geisteswissenschaften, aus Technik und Naturwissenschaften sowie aus Medizin, Psychologie und Gesundheitsberufen. Von renommierten Autoren aller Springer-Verlagsmarken.

Weitere Bände in der Reihe http://www.springer.com/series/13088

Daniel R. A. Schallmo

# Jetzt Design Thinking anwenden

In 7 Schritten zu kundenorientierten
Produkten und Dienstleistungen

Daniel R. A. Schallmo
Hochschule Ulm
Ulm, Deutschland

OnlinePlus Material zu diesem Buch finden Sie auf
http://www.springer.com/978-3-658-22077-8

ISSN 2197-6708          ISSN 2197-6716   (electronic)
essentials
ISBN 978-3-658-22076-1        ISBN 978-3-658-22077-8   (eBook)
https://doi.org/10.1007/978-3-658-22077-8

Die Deutsche Nationalbibliothek verzeichnet diese Publikation in der Deutschen Nationalbibliografie; detaillierte bibliografische Daten sind im Internet über http://dnb.d-nb.de abrufbar.

Springer Gabler
Dieses essential basiert auf: Schallmo, D. (2017): Design Thinking erfolgreich anwenden, Springer Verlag, Wiesbaden (ISBN 978-3-658-12522-6)

Gedruckt auf säurefreiem und chlorfrei gebleichtem Papier

Springer Gabler ist ein Imprint der eingetragenen Gesellschaft Springer Fachmedien Wiesbaden GmbH und ist ein Teil von Springer Nature
Die Anschrift der Gesellschaft ist: Abraham-Lincoln-Str. 46, 65189 Wiesbaden, Germany

# Was Sie in diesem *essential* finden können

- Eine kompakte und praxiserprobte Hilfestellung für die Anwendung von Design Thinking
- Wesentliche Grundlagen zu Design Thinking
- Ausgewählte Beispiele im Kontext von Design Thinking
- Eine Roadmap zu Design Thinking mit Aktivitäten, Instrumenten und Beispielen.

*Für meinen Bruder Roger, seine Frau
Annika und meinen Neffen Lionel.*

# Vorwort

Isambard Brunel, ein britischer Ingenieur zur Zeit der industriellen Revolution in der Mitte des 19. Jahrhunderts, gilt als Pionier der damaligen Zeit. Im Rahmen der Planung und Umsetzung von Zugstrecken der Great Western Railway setzte er sich das Ziel, die geringste Neigung zu erzeugen und somit den Passagieren das Gefühl zu geben, „über die Landschaft zu schweben". Er ist somit einer der ersten Design Thinker, da er es geschafft hat, die technische Machbarkeit, die wirtschaftliche Profitabilität und die Nutzerorientierung gleichermaßen zu berücksichtigen. Dafür konstruierte er Brücken, Viadukte und Tunnel, die sowohl einen effizienten Transport, als auch eine ideale Erfahrung für Passagiere ermöglichten (Brown 2009, S. 1 f.).

Damals wie heute ist die kundenorientierte Entwicklung von Lösungen, insbesondere von Produkten und Dienstleistungen, ein wichtiger Erfolgsfaktor von Unternehmen, da Fehlentwicklungen und Flops vermieden werden können. Zudem ist es möglich, Kunden zu begeistern und diese mit passenden Produkten und Dienstleistungen langfristig an das Unternehmen zu binden.

Das vorliegende *essential* enthält Grundlagen zu Design Thinking und ein Vorgehensmodell. Das Vorgehensmodell wird einmal überblicksartig mit seinen sieben Phasen und deren Zielsetzung, Aktivitäten, Input und Ergebnissen erläutert. Im Anschluss werden die Phasen des Vorgehensmodells mit Leitfragen und relevanten Techniken detailliert behandelt.

Das *essential* richtet sich an Adressaten aus der Praxis, die sich mit den Themen Innovationsmanagement, Produktmanagement, Dienstleistungsmanagement und Business Development beschäftigen. Die Leserinnen und Leser erhalten die Möglichkeit, das Vorgehensmodell für Design Thinking zu verstehen und erfolgreich anzuwenden. Dies ermöglicht den Leserinnen und Lesern, mittels Design Thinking kundenorientierte Produkte und Dienstleistungen zu gestalten und diese in ein Geschäftsmodell zu integrieren.

Ich bedanke mich herzlich bei dem Team von Springer für die professionelle Unterstützung, insbesondere Ann-Kristin Wiegmann.

Allen Leserinnen und Lesern wünsche ich viel Freude und Erfolg beim Innovieren.

Ulm                                                              Daniel R. A. Schallmo
im Mai 2018

# Inhaltsverzeichnis

# Über den Autor

**Daniel R. A. Schallmo** ist Ökonom, Unternehmensberater und Autor zahlreicher Publikationen. Er ist Professor an der Hochschule Ulm, leitet das privatwirtschaftliche Institut für Business Model Innovation und ist Mitglied am Institut für Digitale Transformation. Er ist ebenso Gründer und Gesellschafter der Dr. Schallmo & Team GmbH.

Seine Arbeits- und Forschungsschwerpunkte sind die Digitale Transformation von Geschäftsmodellen (1) und die Entwicklung und Anwendung einer Methode zur Innovation von Geschäftsmodellen, vorwiegend in Business-to-Business-Märkten und (2).

Daniel Schallmo verfügt über mehrere Jahre Praxiserfahrung, die er in Unternehmen der verarbeitenden Industrie, des Handels, der Medien, der Unternehmensberatung und des Bauwesens gewonnen hat. Mit seinem Unternehmen, der Dr. Schallmo & Team GmbH, unterstützt er DAX-Unternehmen und mittelständische Unternehmen bei der Beantwortung unterschiedlicher Fragestellungen (siehe www. gemvini.de). Er ist sowohl in der Managementausbildung, als auch in Bachelor- und Masterstudiengängen für die Themengebiete Design Thinking, Strategie-, Geschäftsmodell-, Prozess- und Innovationsmanagement sowie Digitale Transformation als Dozent tätig und war Gastprofessor an der Deutschen

Universität in Kairo, Ägypten. Seine Methoden, insbesondere die Innovation von Geschäftsmodellen, wurden bereits über 100-mal über 5000 TeilnehmerInnen vorgestellt; dazu zählen auch Konferenzteilnahmen und Vorträge (>50).

Daniel Schallmo ist Herausgeber der Springer-Fachbuchreihe mit dem Schwerpunkt „Business Model Innovation" und des Open Journal of Business Model Innovation (OJBMI). Er ist Autor zahlreicher Publikationen (Bücher und Artikel; insg.>50) und Mitglied in Forschungsgesellschaften (u. a. Academy of Marketing Science, American Marketing Association, European Marketing Academy). Zudem ist er für wissenschaftliche Zeitschriften bzw. Forschungsgesellschaften als Gutachter tätig (z. B. Journal of Strategic Marketing, Business Process Management Journal, European Academy of Management, European Marketing Academy). Er ist Mitglied des wissenschaftlichen Beirats der International Society for Professional Innovation Management (ISPIM) und Mitglied des Herausgeberrats des Journal of Investment and Management (JIM).

Prof. Dr. Daniel Schallmo
Hochschule Ulm
Prittwitzstrasse 10
89075 Ulm
schallmo@hs-ulm.de

Die konsequente Orientierung von Lösungen an den Anforderungen und Bedürfnissen von Kunden ist heute ein wesentlicher Erfolgsfaktor von Unternehmen. Doch wer sind die Kunden? Wer sind die Nutzer? Und wie können Anforderungen und Bedürfnisse identifiziert und in kundenorientierte Lösungen umgesetzt werden? Design Thinking ist ein Ansatz, der dabei hilft, genau diese Fragen zu beantworten.

In dem vorliegenden *essential* werden wesentliche Grundlagen zu Design Thinking erläutert. Ferner wird eine Roadmap mit sieben Phasen vorgestellt, die jeweils Aktivitäten, Instrumente und Beispiele enthalten.

Zu Beginn der sechziger Jahre stellte man fest, dass die Zusammenarbeit in kreativen Prozessen zwischen Designern, Ingenieuren und Vertretern anderer Disziplinen erschwert war, da oftmals ein unterschiedlicher Ausbildungshintergrund und somit eine unterschiedliche Herangehensweise zur Lösung von Problemen vorlag. Intuitiv wurden umfangreiche Fragestellungen in Teilfragestellungen untergliedert, ohne jedoch eine Theorie oder eine Struktur hierfür vorliegen zu haben (Plattner et al. 2009, S. 60).

Zu den Teilfragestellungen wurden dann Teillösungen entwickelt, die anschließend zu einer Gesamtlösung zusammengefügt wurden. Die Folge war, dass der Design-Prozess als gemeinsamer Prozess eingesetzt wurde, da dieser nicht nur eine Lösungssuche, sondern ebenfalls eine eindeutige Formulierung der zu lösenden Probleme bzw. Fragestellungen beinhaltet. Somit ist es möglich, für alle Beteiligten, auch unterschiedlicher Disziplinen, einen gemeinsamen Ausgangspunkt zu schaffen. Dieser gemeinsame Ausgangspunkt dient dann dazu, gemeinsam neues Wissen zu generieren und somit neue Lösungen zu entwickeln.

Der Design-Prozess beinhaltet dabei Iterationen, die zur Verbesserung der Lösungen dienen und einen Wissenszuwachs ermöglichen. Ferner ist der Prozess durch analytische und synthetische Phasen geprägt (Plattner et al. 2009, S. 60). Die Entstehung von Design Thinking ist in Abb. 1.1 dargestellt.

Ein Unternehmen, das zu den Pionieren im Design Thinking gehört und Design Thinking als Beratungsleistung anbietet, ist Ideo. Ideo sorgte mit einem Artikel, der 2004 in der Business Week veröffentlicht wurde, für Aufmerksamkeit, da die Art und Weise, wie Innovation innerhalb von Unternehmen erfolgen soll, verändert wurde. Um das Prinzip von Design Thinking näher zu erläutern, sind nachfolgend zwei Projektbeispiele von Ideo aufgezeigt.

**Bayer: Diabetes Management mit dem Contour USB Blutzuckermessgerät (Ideo 2015a)**
Einen gesunden Blutzuckerspiegel aufrecht zu erhalten, ist für Menschen, die an Diabetes erkrankt sind, besonders relevant, da somit z. B. Herzkrankheiten, Erblindung und Nervenschäden entgegengewirkt werden kann. Bayer Diabetes Care, eine Division der Bayer Healthcare ist Weltmarktführer und Innovator für selbstüberwachende Lösungen. Bayer hat das portable Blutzuckermessgerät mit passenden Teststreifen eingeführt und hat das erste Gerät angeboten, um den Blutzuckerspiegel zu steuern.

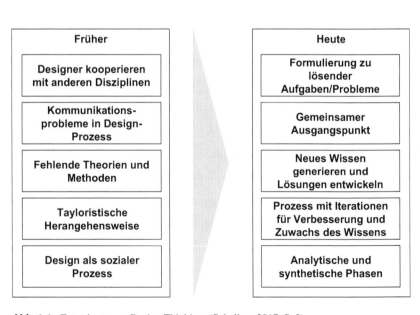

**Abb. 1.1**  Entstehung von Design Thinking. (Schallmo 2017, S. 2)

Ideo wurde beauftragt, um das Produktdesign, das User Interface und die Verkaufsverpackung des Contour USB Blutzuckermessgeräts zu entwickeln (siehe Abb. 1.2). Das Contour USB Blutzuckermessgerät ist das erste Messgerät, das direkt an einen Computer angeschlossen werden kann und die Diabetes Management Software selbst installiert. Somit erhalten Patienten und Ärzte Zugang zu Blutzuckerdaten und zu Veränderungen, die es ermöglichen, Diabetes Management zu verbessern.

Folgende Eigenschaften des Contour Blutzuckermessgeräts sind besonders relevant:

- Enthalten einer Diabetes Management Software, um Daten einfach einzusehen und langfristige Entwicklungen zu erkennen.
- Für den häuslichen Einsatz einzelner Patienten geeignet.
- Datenverfügbarkeit per E-Mail, als Ausdruck oder als elektronische Datei.
- Integration von Informationen zu eingenommenen Mahlzeiten.
- Einfache Verfügbarkeit von Textinformationen in Farbe über organische Leuchtdioden.
- Akkus, die innerhalb von zwei Stunden aufgeladen werden können.
- Das Design orientiert sich an Produkten der Unterhaltungselektronik.

**Bayer: Aufladbare Handtasche (Ideo 2015b)**
Der britische Modedesigner, Richard Nicoll, wollte ein revolutionäres Accessoire für den Laufsteg entwickeln und Vodafone, der Hauptsponsor der London Fashion Week, hatte sich zum Ziel gesetzt, ein exklusives Vorzeigeprojekt mit einer neuen technischen Lösung für den täglichen Bedarf zu präsentieren. Nachdem die

**Abb. 1.2** Contour Blutzuckermessgerät. (Ideo 2015a)

**Abb. 1.3**  Aufladbare Handtasche. (Ideo 2015b)

Partnerschaft zwischen Richard Nicoll und Vodafone vereinbart wurde, wurde Ideo beauftragt, gemeinsam mit Vodafone xone aus dem Silicon Valley eine revolutionäre Technologie zu entwickeln. In Zusammenarbeit mit Vodafone xone, Vodafone UK und dem Team von Richard Nicoll entwickelte Ideo einen Prototyp für eine Handtasche, die auf der London Fashion Week im Februar 2012 präsentiert wurde. Die Handtasche verknüpft dabei Mode mit einer Ladetechnologie für Smartphones und andere elektronische Geräte und ist in Abb. 1.3 dargestellt.

Folgende Eigenschaften zeichnen die Handtasche aus:

- Aufladung eines Akkus in der Tasche über Induktion
- Aufladung des Smartphones in der Tasche über Induktion
- LED, die über eine Bluetooth-Schnittstelle verbunden ist, um über den Ladestatus, Anrufe oder Nachrichten zu informieren

Verknüpfung von ansprechendem Design und neuer Technologie.

# Grundlagen im Kontext von Design Thinking

# 2

Um ein Verständnis für die weiteren Kapitel aufzubauen, werden in diesem Kapitel wesentliche Grundlagen im Kontext von Design Thinking erläutert.

Das zweite Kapitel beinhaltet neben der Einführung folgende Unterkapitel. Abschn. 2.1 beinhaltet die Erläuterung des Begriffs Design Thinking. Abschn. 2.2 zeigt die vier grundlegenden Prinzipien von Design Thinking auf.

## 2.1 Design Thinking

Um den Begriff des Design Thinking zu erläutern, wird zunächst, der Unterschied zwischen den Begriffen „Design" und „Business" aufgezeigt. Der Begriff „Business" [ˈbɪznɪs] bedeutet Geschäft; ein Synonym ist der Begriff Handel. Im Gegensatz dazu ist der Begriff „Design" [diˈzain] ausführlicher definiert. Design bedeutet die formgerechte und funktionale Gestaltgebung und daraus sich ergebende Form eines Gebrauchsgegenstandes. Synonyme sind z. B. Aufmachung, Dekor, Formgebung, Formgestaltung, Gestaltgebung, Gestaltung, Entwurf, Entwurfszeichnung, Form, Muster, Plan (Duden 2015).

Die Unterschiede von Business und Design sind in Tab. 2.1 aufgeführt.

© Springer Fachmedien Wiesbaden GmbH, ein Teil von Springer Nature 2018   5
D. R. A. Schallmo, *Jetzt Design Thinking anwenden,* essentials,
https://doi.org/10.1007/978-3-658-22077-8_2

**Tab. 2.1** Unterschied zwischen Business und Design. (Vgl. Liedtka und Ogilvie 2011, S. 12; Schallmo 2017, S. 12)

| | Business | Design |
|---|---|---|
| Grundlegende Annahmen | Rationalität, Objektivität; Realität wird als starr und quantifizierbar gesehen | Subjektive Erfahrungen; Realität wird als soziales Konstrukt gesehen |
| Methode | Analyse, um die eine, beste Lösung zu finden | Experiment zur Annäherung an eine bessere Lösung |
| Prozess | Planen | Handeln |
| Entscheidungsorientierung | Logik, nummerische Modelle | Emotionale Erkenntnisse, experimentelle Modelle |
| Werte | Kontrolle und Stabilität; „Ungewissheit ist unerwünscht" | Neuerung; „Status quo wird in Frage gestellt" |
| Detaillierungsgrad | Abstract oder konkret | Iteration zwischen abstrakt und konkret |

Für den Begriff Design Thinking liegen unterschiedliche Definitionen vor (siehe Schallmo 2017, S. 13), die folgende Aspekte beinhalten:

- Zielsetzung: Design Thinking hat zum Ziel, für Probleme neue Lösungen zu entwickeln.
- Orientierung: Design Thinking orientiert sich konsequent an den Nutzern.
- Prozess: Design Thinking erfolgt anhand eines strukturierten und iterativen Prozesses.
- Beteiligte: Design Thinking wird von einem interdisziplinären Team angewendet.

Diese Aspekte sind in der nachfolgenden Definition zusammengefasst.

▶ **Definition 1: Design Thinking (Schallmo 2017, S. 14)** Der Ansatz des Design Thinking verfolgt die Zielsetzung, für bestehende Probleme neue Lösungen zu entwickeln. Diese Lösungen orientieren sich konsequent an den Bedürfnissen der Nutzer und haben einen positiven Einfluss. Der Design Thinking Prozess ist strukturiert und erfolgt iterativ. Innerhalb des Design Thinking Prozesses setzt ein multidisziplinäres Team Techniken ein.

## 2.2 Design Thinking Prinzipien

Design Thinking ist durch vier grundlegende Prinzipien geprägt, die in Abb. 2.1 dargestellt sind und nachfolgend erläutert werden.

*Mensch als Ausgangspunkt* Innerhalb von Design Thinking ist der Mensch die Inspirationsquelle für neue Ideen. Der Mensch steht dabei mit seinen Bedürfnissen im Vordergrund. Sind die Bedürfnisse ermittelt, so erfolgt im nächsten Schritt die Prüfung, welche Produkte und Dienstleistungen technisch machbar sind. Anschließend wird geprüft, welche Lösungen wirtschaftlich sind. Da eine

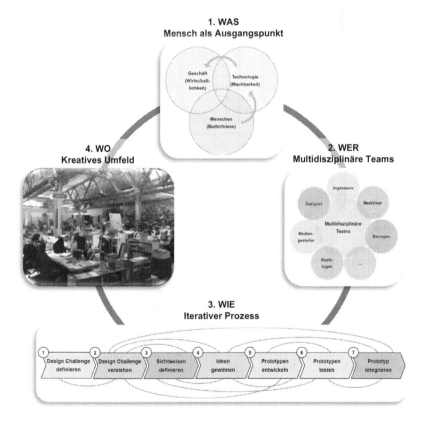

**Abb. 2.1** Prinzipien von Design Thinking. (Schallmo 2017, S. 14)

grundlegende Orientierung am Menschen und dessen Bedürfnissen erfolgt, ist erstens ein weniger aufwendiges Marketing notwendig und zweitens die Floprate von neuen Produkten und Dienstleistungen geringer (Weinberg 2012; d.school 2010, S. 3; Plattner et al. 2009, S. 118 ff.; Brown 2008, S. 87).

*Multidisziplinäre Teams* Das zweite Prinzip ist der Einsatz multidisziplinärer Teams. Dabei steht nicht die kreative Leistungsfähigkeit einzelner Personen, sondern die kreative Leistungsfähigkeit von interdisziplinären Teams mit vier bis sechs Teilnehmern im Vordergrund. Dabei wird darauf geachtet, dass Teams jeweils zu 50 % mit Frauen und Männern besetzt sind. Bei den Disziplinen ist ebenfalls darauf zu achten, dass diese gleichmäßig vertreten sind (Weinberg 2012; Plattner 2009, S. 64 f. und 103 f.; d.school 2010, S. 3; Brown 2008, S. 87).

Jedes Mitglied innerhalb eines multidisziplinären Teams wird als Design Thinker bezeichnet. Die persönlichen Eigenschaften eines Design Thinkers spielen dabei eine große Rolle und werden nachfolgend erläutert (Plattner et al. 2009, S. 72 ff.).

*Optimismus* Ein Design Thinker sollte optimistisch hinsichtlich der Fähigkeit sein, mit Design Thinking bessere Lösungen zu entwickeln. Optimismus kommt häufig, gepaart mit Enthusiasmus, vor.

*Empathie* Ein Design Thinker sollte ein hohes Maß an Einfühlungsvermögen aufweisen, um die Welt mit den Augen des Nutzers zu sehen, dessen Wahrnehmung und Empfindung zu verstehen. Ferner sollten die Gründe für eine bestimmte Wahrnehmung analysiert werden, um nicht erfüllte Wünsche und Bedürfnisse von Nutzern zu erkennen.

*Integratives Denken* Ein Design Thinker sollte Produkte, Prozesse und Systeme ganzheitlich analysieren können, um sowohl offensichtliche, aber auch verborgene Fehler zu erkennen. Daneben ist es notwendig, entweder unter bestehenden Lösungen die beste Lösung auszuwählen, neue Lösungen zu entwickeln oder bestehende Lösungen so zu verändern, dass bessere Ergebnisse erzielt werden.

*Experimentierfreude* Ein Design Thinker sollte Freude daran haben, neue Dinge auszuprobieren, Erfahrungen zu sammeln und Risiken in Kauf zu nehmen, Fehler zu machen, um daraus zu lernen. Ferner sollten Annahmen aufgestellt und getestet werden.

*Kooperationsfähigkeit* Ein Design Thinker sollte kooperationsfähig sein, da komplexe Probleme die gemeinsame Arbeit an Lösungen erfordern. Hierbei ist auch die gemeinsame Arbeit mit Menschen aus anderen Disziplinen relevant. Die wesentlichen Eigenschaften eines Design Thinkers sind in Abb. 2.2 zusammengefasst.

*Iterativer Prozess* Aufgrund des Einsatzes multidisziplinärer Teams haben alle Beteiligten aufgrund ihrer Ausbildung und Erfahrung unterschiedliche Arbeitsprozesse. Aus diesem Grund ist es notwendig, einen Prozess bereit zu stellen, der Analytik mit Intuition verbindet und für alle Beteiligten verständlich ist. Um Verbesserungen der Lösungen zu ermöglichen, sind innerhalb des Prozesses Iterationen möglich.

Neben der Iteration innerhalb des Prozesses ist dieser durch die Abwechslung von divergentem und konvergentem Denken geprägt. In den ersten drei Phasen wird ein breites Blickfeld eröffnet (divergent), um viel Input zu gewinnen und um sich am Ende der dritten Phase auf wenige Sichtweisen zu konzentrieren. Anschließend werden Ideen für Lösungen gewonnen und Prototypen entwickelt (divergent), um im Anschluss an den Test von Prototypen sich auf einen zu konzentrieren, der in ein Geschäftsmodell integriert wird (konvergent). Ferner führt der Design Thinking Prozess im Verlauf zum immer konkreteren Ergebnissen, was durch die gelbe Linie dargestellt ist (Liedtka und Ogilvie 2011, S. 21 ff.; Ideo 2012a, S. 15). In Abb. 2.3 ist der Design Thinking Prozess mit der konvergenten und divergenten Sicht sowie der Darstellung der Konkretisierung von Ergebnissen dargestellt.

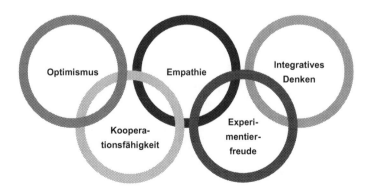

**Abb. 2.2** Eigenschaften eines Design Thinkers. (Schallmo 2017, S. 18)

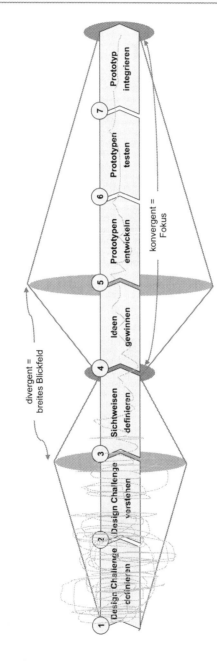

**Abb. 2.3** Konvergenz und Divergenz im Design Thinking Prozess. (Schallmo 2017, S. 19)

Innerhalb des Design Thinking Prozesses wird in der vierten Phase (Ideen gewinnen) Brainstorming eingesetzt, für das bestimmte Regeln relevant sind. Die Regeln für das Brainstorming gelten allerdings auch für den gesamten Design Thinking Prozess, sind nachfolgend erläutert und in Abb. 2.4 dargestellt (Ideo 2012a, S. 51; d.school 2010, S. 32):

- Visualisieren: Probleme, Ideen und Lösungsansätze sollen mittels Skizzen visualisiert werden.
- Nur einer spricht: es spricht jeweils nur ein Design Thinker, da alle Ideen angehört werden sollen.
- Ideen fördern: ungewöhnliche Ideen sollen gefördert werden, auch wenn diese zunächst unrealistisch erscheinen.
- Kritik zurückstellen: es gibt keine schlechten Ideen und es liegt genügend Zeit vor, Ideen weiter auszuführen.
- Experimentieren: während des gesamten Prozesses soll experimentiert werden, um weitere Ideen zu entwickeln und Schwachstellen zu identifizieren.
- Aktivität verfolgen: Aktivität in Form von Handlungen ist relevant.
- Quantität ist wichtig: um eine gute Ideen zu finden, müssen viele Ideen gewonnen werden.
- Fokussieren: alle Teammitglieder sollen beim Thema bleiben und das Hauptziel nicht aus den Augen verlieren.
- Auf Ideen aufbauen: abgeleitete Ideen sollen weiterentwickelt werden; besser „und" als „aber".
- Elektronische Geräte abstellen: alle Teammitglieder nehmen teil und konzentrieren sich auf den Prozess.

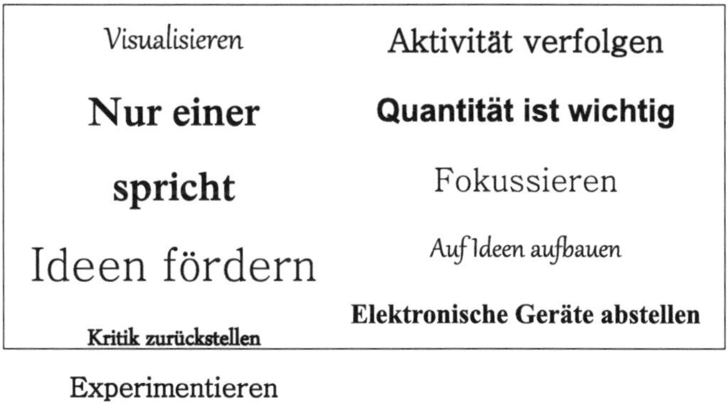

**Abb. 2.4** Regeln für den Design Thinking Prozess. (Schallmo 2017, S. 19)

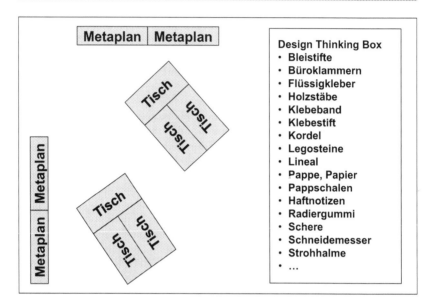

**Abb. 2.5** Aufbau des Arbeitsumfelds und Inhalte der Design Thinking Box. (Schallmo 2017, S. 21)

*Kreatives Umfeld* Der beschriebene Prozess findet in einem kreativen Umfeld statt, das durch eine ideenförderliche Aufteilung und Einrichtung geprägt ist.

Neben dem dargestellten Arbeitsumfeld können für Workshops Räume so umgestaltet werden, damit diese ein kreatives Arbeiten unterstützen. Zusätzlich sind auch Materialien relevant, die in dem Design Thinking Prozess eingesetzt werden können. In Abb. 2.5 sind der Aufbau des Arbeitsumfelds und die Inhalte der Design Thinking Box exemplarisch dargestellt.

# Roadmap für Design Thinking

**3**

Auf Basis bestehender Ansätze für Design Thinking erfolgt nun die Erarbeitung einer Roadmap, die aus sieben Phasen besteht: 1) Design Challenge definieren, 2) Design Challenge verstehen, 3) Sichtweisen definieren, 4) Ideen gewinnen, 5) Prototypen entwickeln, 6) Prototypen testen und 7) Prototypen integrieren.

## 3.1 Überblick zur Roadmap für Design Thinking

Die Roadmap für Design Thinking besteht aus sieben Phasen und basiert auf bestehenden Ansätzen (siehe Schallmo 2017, S. 29 ff.). Die Phasen sind nachfolgend kurz erläutert.

*Design Challenge definieren* Zunächst gilt es, unterschiedliche Themenfelder abzuleiten. Die unterschiedlichen Themenfelder werden diskutiert, um sich anschließend auf ein Themenfeld festzulegen. Für das ausgewählte Themenfeld wird eine Design Challenge formuliert, die beantwortet werden soll. Es werden ebenso typische User festgelegt. Anschließend wird ein Projektplan erarbeitet, der Termine, Kosten und Ergebnisse beinhaltet.

*Design Challenge verstehen* In dieser Phase gilt es, ein gemeinsames Verständnis zur Design Challenge, die bewältigt werden soll, aufzubauen. Hierfür werden typische User in relevanten Situationen und mit ihren Problemen, die sie zu bewältigen haben, analysiert. Diese Analyse erfolgt mittels einer Befragung und einer Beobachtung. Bestehende Lösungen, die am Markt verfügbar sind, werden getestet und Experten werden befragt, um ein Fachwissen zur Design Challenge aufzubauen.

© Springer Fachmedien Wiesbaden GmbH, ein Teil von Springer Nature 2018
D. R. A. Schallmo, *Jetzt Design Thinking anwenden,* essentials,
https://doi.org/10.1007/978-3-658-22077-8_3

*Sichtweisen definieren* Die Erkenntnisse, die in der vorherigen Phase gewonnen wurden, werden in dieser Phase ausgetauscht, interpretiert und gewichtet. Es werden typische User beschrieben, indem Nutzerprofile erstellt werden. Auf Basis der Nutzerprofile werden Bedürfnisse hinsichtlich der gewünschten Funktionen, Anforderungen und Erfahrungen von Produkten und Dienstleistungen abgeleitet.

*Ideen gewinnen* In dieser Phase werden mittels des Einsatzes von Kreativitätstechniken Ideen gewonnen, die dazu dienen sollen, die zuvor identifizierten Bedürfnisse zu erfüllen. Diese Ideen werden gruppiert und überarbeitet. Anschließend werden die Ideen beschrieben und bewertet.

*Prototypen entwickeln* Die gewonnenen Ideen dienen dazu, Prototypen zu entwickeln. Ein Prototyp stellt somit eine Lösung für die beschriebene Herausforderung dar. Prototypen können in unterschiedlichen Formen entwickelt werden. Im Anschluss an die Entwicklung von Prototypen werden diese verbessert und kombiniert.

*Prototypen testen* Die unterschiedlichen Prototypen werden den Nutzern vorgestellt, um sie anschließend mit den Nutzern zu testen. Dabei sollen wichtige Erfahrungen, auch hinsichtlich der Verwendung von Prototypen, gewonnen werden. Prototypen werden ebenso am Markt getestet. Die gewonnenen Erfahrungen dienen anschließend der Verbesserung und Weiterentwicklung von Prototypen. Anhand der Bewertung der Prototypen wird ein Erfolg versprechender Prototyp ausgewählt.

**Prototypen integrieren**
In dieser Phase erfolgt mithilfe eines einheitlichen Rasters die Entwicklung eines Geschäftsmodells, das den Prototyp für ein Produkt oder eine Dienstleistung integriert. Somit liegt ein Geschäftsmodell mit folgenden fünf Dimensionen vor: Kundendimension, Nutzendimension, Wertschöpfungsdimension, Partnerdimension, Finanzdimension.

Die Abb. 3.1 stellt die Roadmap für Design Thinking mit den Phasen und Techniken dar. Diese Phasen werden im Folgenden jeweils mit Ihrer Zielsetzung und den Fragen erläutert. Anschließend werden die Aktivitäten jeweils mit den Instrumenten aufgezeigt.

Wie bereits bei den Prinzipien des Design Thinking erwähnt wurde, verlaufen die Phasen nicht linear. sondern iterativ. Ausgewählte Aktivitäten werden anhand eines Beispiels erläutert, das nachfolgend kurz beschrieben ist.

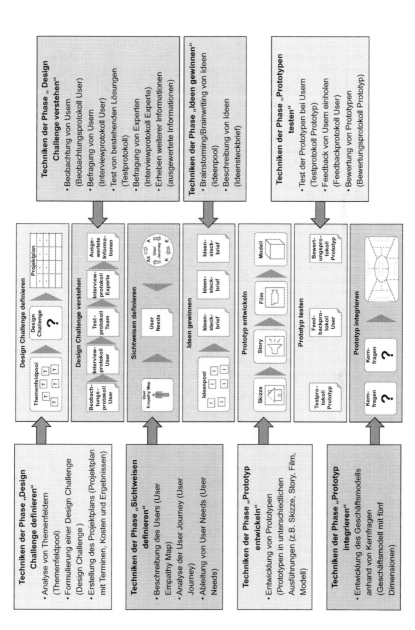

**Abb. 3.1** Design Thinking Roadmap. (Schallmo 2017, S. 157)

**Entwicklung neuer Leistungen für einen Supermarkt (in Anlehnung an: Kramer 2015)**

Der Geschäftsführer eines Supermarkts stellt fest, dass der Wettbewerb im Lebensmitteleinzelhandel stark zunimmt und die Umsätze stagnieren bzw. sogar abnehmen. Aus diesem Grund ist der Geschäftsführer mit seinem Team auf der Suche nach neuen Leistungen, die er gezielt ausgewählten Kundensegmenten anbieten kann. Nach der Ableitung und Diskussion unterschiedlicher Themenfelder definiert das Team folgende Design Challenge: „Wie kann man das Einkaufserlebnis von älteren Menschen in Supermärkten verbessern?"

Um die Design Challenge zu verstehen, befragt das Team ältere Menschen im Supermarkt nach ihren Einkaufserlebnissen. Dabei stellt das Team viele offene Fragen und es werden Antworten gesammelt. Zusätzlich werden das Alter und der frühere Beruf erfasst. Die Ergebnisse werden in dem Interviewprotokoll zusammengefasst. Neben der Befragung von Usern, entscheidet sich das Team, zusätzlich eine Beobachtung von älteren Menschen beim Einkaufen vorzunehmen. Dabei wird insbesondere auf die Probleme der älteren Menschen geachtet, wie z. B. das Erreichen von Produkten in oberen/unteren Regalen oder das Lesen der Inhaltsstoffe auf den Verpackungen.

Die gewonnenen Erkenntnisse werden in einem Nutzerprofil mit Charakteristika konkretisiert und festgehalten. Das Nutzerprofil dient anschließend dazu Bedürfnisse abzuleiten. Der 72-Jährige Hans legt z. B. Wert auf sozialen Kontakt beim Einkaufen und bevorzugt eine kurze Schlange an der Kasse.

Aufgrund des sozialen Aspekts, hat ein Teammitglied die Idee das Einkaufen als Erlebnis, mit Kaffee und Kuchen, zu gestalten. Eine weitere Idee ist, dass der Kunde bequem an einer Theke sitzt und sich die Lebensmittel auf einem Laufband, wie in einem Running-Sushi-Restaurant, zum Kauf vorbei bewegen.

Um einen Prototyp zu entwickeln, werden einfache Mittel wie Tische (=Theke), Stühle (=Sitzplätze) und Folie (=Laufband) eingesetzt, um die gewonnenen Ideen zu visualisieren und umzusetzen. Der Prototyp wird intern getestet und verbessert, indem Teammitglieder die Rolle des Servicepersonals und die Rolle der User einnehmen und Situationen durchspielen. Somit wird z. B. deutlich, dass sich das Laufband nicht zu weit entfernt von dem User befinden darf, da die Lebensmittel dadurch schwer erreichbar sind.

Der verbesserte Prototyp wird nun älteren Menschen vorgestellt. Zusätzlich werden diese in das Durchspielen verschiedener Situationen integriert. Somit wird getestet, ob das Konzept generell tauglich ist und an welchen Stellen eine Überarbeitung notwendig ist.

Der getestete und weiterentwickelte Prototyp wird in das bestehende Geschäftsmodell des Supermarktes integriert, indem ein separater Bereich erstellt wird, der den bequemen Einkauf an einem Laufband mit Kaffee und Kuchen ermöglicht.

Die jeweiligen Phasen der Roadmap werden nun jeweils mit der Zielsetzung, den Aktivitäten, dem Input und den Ergebnissen erläutert.

## 3.2 „Design Challenge definieren": Den Scope festlegen

**Zielsetzung und Fragen**

Die Phase „Design Challenge definieren" hat folgende Zielsetzung:

- Zulassen eines breiten Blickfelds: es sollen möglichst viele Themenfelder abgeleitet werden, um ein breites Blickfeld zuzulassen. Somit ist es möglich, aus vielen Themenfeldern auszuwählen.
- Konzentration auf eine Design Challenge: um sich auf Themenfeld zu fokussieren, wird eine Design Challenge formuliert, die es zu lösen gilt. Die Design Challenge beinhaltet ebenso typische User, die in Frage kommen.
- Klare Struktur sicherstellen: um eine klare Struktur hinsichtlich der Termine, Kosten und Ergebnisse zu haben, wird ein Projektplan festgelegt.

Die Phase „Design Challenge definieren" beantwortet folgende Fragen:

- Anhand welcher Quellen können Themenfelder abgleitet werden?
- Wie können Themenfelder bewertet werden?
- Wie kann eine Design Challenge, die es zu lösen gilt, formuliert werden?
- Wie können typische Nutzer abgeleitet werden?
- Wie kann ein Projektplan festgelegt werden?

**Aktivitäten und Instrumente**

Innerhalb der Aktivitäten werden Instrumente eingesetzt, die dazu dienen, notwendige Ergebnisse zu erarbeiten.

*Analyse von Themenfeldern* Im Rahmen der Analyse von Themenfeldern geht es darum, unterschiedliche Themenfelder für Design Thinking Projekte abzuleiten und diese zu bewerten. Folgende Quellen liegen zur Ableitung von Themenfeldern vor (Ideo 2012a, S. 19):

- Themenfelder eines Unternehmens: dies kann zum Beispiel die Industrie, Kunden, Lieferanten oder das Unternehmen direkt betreffen. Ein Lebensmitteleinzelhändler könnte zum Beispiel das Einkaufserlebnis von Kunden als Themenfeld betrachten.
- Themenfelder aus dem Umfeld der Teammitglieder: dies kann die Teammitglieder direkt oder indirekt betreffen. Ein Teammitglied könnte zum Beispiel ältere Angehörige haben, die Schwierigkeiten beim Einkaufen haben.
- Themenfelder aus der Makro-Umwelt: dies betrifft Einflussfaktoren aus dem politischen, wirtschaftlichen, sozio-kulturellen, technologischen, ökologischen oder rechtlichen Umfeld. Ein Einflussfaktor aus dem sozio-kulturellen Umfeld könnte zum Beispiel der demografische Wandel sein.

Als relevante Schritte zur Durchführung der Analyse von Themenfeldern werden folgende Schritte festgelegt:

- Ableitung unterschiedlicher Themenfelder und deren kurze Beschreibung
- Diskussion und Bewertung der abgeleiteten Themenfelder
- Auswahl eines Themenfelds.

Innerhalb des Teams werden die Themenfelder diskutiert und anhand ihres Potenzials bewertet (niedrig, mittel, hoch). Hierfür kann ein Kriterienkatalog (z. B. Wachstumschancen, Risiko, Investitionsbedarf) erstellt und ausgewertet werden.

Die Auflistung von Themenfeldern erfolgt in einem Themenfeldpool mit drei Spalten: Themenfeld, Beschreibung und Bewertung. In Tab. 3.1 sind exemplarisch

**Tab. 3.1** Themenfeldpool. (Schallmo 2017, S. 64)

| Themenfeld | Beschreibung | Bewertung |
|---|---|---|
| Einkaufserlebnis von Kunden | Das Themenfeld beinhaltet das Einkaufserlebnis von Kunden vor Ort, also am „point of sale" | Hohes Potenzial |
| Bequemes Einkaufen | Das Themenfeld beinhaltet das bequeme Einkaufen von zu Hause aus | Mittleres Potenzial |
| Automatische Bestellung | Das Themenfeld beinhaltet die automatische Bestellung von Lebensmitteln mithilfe des Einsatzes von Technologien | Mittleres Potenzial |
| … | … | … |

drei Themenfelder dargestellt, die sich bereits auf den Lebensmitteleinzelhandel beziehen. Bei Bedarf können die Themenfelder auch weiter gefasst sein. Für unser Beispiel wählen wir also das Einkaufserlebnis von Kunden aus. Es bietet sich an, den Themenfeldpool auf dem aktuellen Stand zu halten, indem regelmäßig neue Themen aufgenommen werden.

*Formulierung einer Design Challenge* Im Rahmen der Formulierung einer Design Challenge wird das ausgewählte Themenfeld konkretisiert. Hierfür werden zunächst Wünsche zu nicht vorhandenen Lösungen oder Beschwerden zu vorhandenen Lösungen formuliert. Die Design Challenge beinhaltet auch die Nutzer, für die sie relevant ist. Die Design Challenge hat folgende Struktur: „Wie schaffen wir es [Themenfeld, das behandelt werden soll] von [Nutzer, für die die Hauptfrage relevant ist] zu verbessern?"

Folgende Schritte werden zur Herleitung der Design Challenge festgelegt (in Anlehnung an Ideo 2012a, S. 77):

- Formulierung von Wünschen zu nicht vorhandenen Lösungen
- Formulierung von Beschwerden zu vorhandenen Lösungen
- Formulierung einer Design Challenge, inkl. relevanter Nutzer.

Die Herleitung der Design Challenge ist in Abb. 3.2 dargestellt.

Für unser Beispiel liegt also folgende Design Challenge vor (Kramer 2015): „Wie schaffen wir es, das Einkaufserlebnis von älteren Menschen in Supermärkten zu verbessern?"

Nachfolgend finden sich weitere Beispiele für Design Challenges (in Anlehnung an: Plattner et al. 2009, S. 165 ff.):

- „Welche alternativen Nutzungsmöglichkeiten liegen für unser bestehendes Messegelände vor und wie können damit zusätzlich Einnahmequellen geschaffen werden?"
- „Wie kann der private Einkauf für junge Familien, im Hinblick auf Einfachheit, Kosteneffizienz und Nachhaltigkeit, besser gestaltet werden?"
- „Wie kann das ungenutzte Potenzial bei Jugendlichen, sich sozial zu engagieren, besser in persönliche Aktivität umgewandelt werden?"
- „Wie können Singles dazu bewegt werden, mehr Strom einzusparen?"

*Erstellung eines Projektplans* Im Anschluss an die Formulierung der Hauptfrage erfolgt die Erstellung eines Projektplans. Dieser Projektplan enthält Termine, Kosten und Ergebnisse. Der Projektplan enthält ebenso die Auflistung aller Teammitglieder

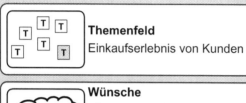

**Themenfeld**
Einkaufserlebnis von Kunden

**Wünsche**
• Bequemes Einkaufen
• Ausruhen während des Einkaufens
• Mehr sozialer Kontakt

**Beschwerden**
• Hektik während des Einkaufens
• Nicht zurecht finden im Supermarkt
• Zu viele und schwere Einkäufe

**?**

**Design Challenge**
Wie schaffen wir es, das Einkaufserlebnis von älteren
Menschen in Supermärkten zu verbessern?

**Abb. 3.2**  Herleitung der Design Challenge. (Schallmo 2017, S. 65)

**Tab.3.2**  Projektplan. (Schallmo 2017, S. 66)

| Projekt | Verbesserung des Einkaufserlebnisses von älteren Menschen in Supermärkten |
|---|---|
| Teammitglieder | Thomas, Andreas, … |
| Termine | • Bis 30.06.2015: Herausforderung verstehen<br>• Bis 15.07.2015: Sichtweisen definieren<br>• … |
| Kosten | • 500 € für Experteninterviews<br>• 400 € für Nutzerinterviews<br>• … |
| Ergebnisse | • User Empathy Map eines typischen Nutzers<br>• Prototyp in Form eines exemplarischen Aufbaus<br>• … |
| Erfolgsfaktoren | • Schnelle Realisierbarkeit<br>• Kostengünstige Umsetzung |
| Einschränkungen | • Räumliche Einschränkung an Standorten<br>• Haftungsfragen |

und kann bei Bedarf um weitere Punkte, wie z. B. Erfolgsfaktoren, Einschränkungen, ergänzt werden. In Tab. 3.2 ist ein Projektplan exemplarisch dargestellt (in Anlehnung an Ideo 2012b, S. 78 f.).

## 3.3 „Design Challenge verstehen": Informationen gewinnen

**Zielsetzung und Fragen**

Die Phase „Design Challenge verstehen" hat folgende Zielsetzung:

- Sicherstellung eines gemeinsamen Verständnisses: innerhalb des Teams soll ein gemeinsames Verständnis hinsichtlich der zu lösenden Design Challenge vorliegen.
- Orientierung an Usern: die zu lösende Design Challenge muss sich an den typischen Usern orientieren. Aus diesem Grund muss hierfür ein Verständnis zu den Situationen aufgebaut werden, in welcher sich die User befinden, wenn sie bestehende Lösungen verwenden.
- Aufbau von Fachwissen: um ein Fachwissen hinsichtlich der Design Challenge aufzubauen, werden bestehende Lösungen getestet und Experten befragt.

Die Phase „Design Challenge verstehen" beantwortet folgende Fragen:

- Wie kann innerhalb des Teams ein gemeinsames Verständnis hinsichtlich der zu lösenden Herausforderung sichergestellt werden?
- Wie kann eine Orientierung der Lösung an den Nutzern erfolgen?
- Wie kann Fachwissen zur Lösung der Design Challenge aufgebaut werden?
- Wie können bestehende Lösungen getestet werden?

**Aktivitäten und Instrumente**

Innerhalb der Aktivitäten werden Instrumente eingesetzt, die dazu dienen, notwendige Ergebnisse zu erarbeiten.

*Beobachtung von Usern* Die Beobachtung von Usern ermöglicht es, Situationen zu verstehen, in denen bestehende Lösungen eingesetzt werden bzw. in denen Probleme der Nutzer auftreten. Dabei ist es entscheidend, die geeigneten User und die geeigneten Situationen auszuwählen. Folgende Schritte sind im Rahmen der Beobachtung von Usern relevant (in Anlehnung an: Ideo 2012b, S. 27 ff.; Curedale 2013, S. 127):

- Identifikation der geeigneten User und der geeigneten Situationen
- Festlegung der Fragen, die mittels der Beobachtung beantwortet werden sollen
- Beobachtung der User innerhalb der Situationen
- Dokumentation in einem Beobachtungsprotokoll.

Innerhalb der Beobachtung können neben Notizen, Skizzen und Fotos auch Videos zum Einsatz kommen, um die Dokumentation vorzunehmen.

Der Aufbau des Beobachtungsprotokolls ist in Tab. 3.3 für unser Beispiel dargestellt.

*Befragung von Usern* Die Befragung von Usern ermöglicht es, detailliert auf die Situationen, in denen Produkte und Dienstleistungen verwendet werden, einzugehen. Hierfür ist es wichtig, die Gedanken, Emotionen und Motivationen der User zu verstehen und die User während der Verwendung von Produkten bzw. der Inanspruchnahme von Dienstleistungen zu befragen (Stickdorn und Schneider 2014, S. 162 ff.). Folgende Schritte sind im Rahmen der Befragung von Usern relevant (in Anlehnung an: d.school 2010; Ideo 2012b, S. 23 ff.; Curedale 2013, S. 128):

- Identifikation der geeigneten User
- Ableitung und Gruppierung von Fragen, die beantwortet werden sollen

**Tab. 3.3** Beobachtungsprotokoll. (Schallmo 2017, S. 72)

| Datum/Uhrzeit | Ort | Beobachter |
|---|---|---|
| **Aktivität des Nutzers.** Welche Aktivität führt der Nutzer aus? Bezogen auf Situation, Foto, Video | **Beschreibung der Aktivität.** Wie führt der Nutzer die Aktivität aus? | **Beschreibung der Motivation.** Weshalb führt Nutzer die Aktivität aus? Weshalb in dieser Form? Treffen eigener Annahmen |
| • Lesen der Inhaltsstoffe von Lebensmitteln | • Einsatz einer Lupe | • Kleiner Text zur Beschreibung der Inhaltsstoffe<br>• Sehschwäche |
| • Stehenbleiben während des Einkaufs | • Festhalten an Einkaufswagen | • Erschöpfung während des Einkaufs |
| • … | • … | • … |

- Erstellung eines Interviewleitfadens
- Befragung der Nutzer
- Dokumentation in einem Interviewprotokoll.

Für die Gestaltung des Interviewleitfadens und die Durchführung von Interviews liegen folgende Empfehlungen vor (d.school 2010; Curedale 2013, S. 128 ff.):

- Fragen Sie nach dem „warum", also warum Nutzer bestimmte Aktivitäten durchführen oder bestimmte Dinge sagen.
- Fragen Sie konkret nach spezifischen Situationen, also z. B. „erzählen Sie mir, als Sie das letzte Mal [Situation/Handlung]"
- Fragen Sie nach den Erfahrungen, den Meinungen, den Gefühlen und den Gedanken des Nutzers.
- Decken Sie Widersprüche auf, also Unterschiede zwischen Aussagen und Aktivitäten; dies ermöglicht es Ihnen, interessante Erkenntnisse zu gewinnen.
- Achten Sie auf non-verbale Kommunikation, also auf die Körpersprache und Emotionen.
- Lassen Sie Pausen zu, da nicht sofort die nächste Frage gestellt werden muss. Nutzern sollte somit die Zeit gegeben werden zu reflektieren.
- Geben Sie keine Vorschläge für Antworten vor, da dies die Ergebnisse verfälschen kann.
- Stellen Sie neutrale und keine suggestiven Fragen.
- Stellen Sie keine geschlossenen Fragen, bei denen nur eine kurze Antwort möglich ist.
- Stellen Sie kurze Fragen mit maximal zehn Wörtern.
- Stellen Sie immer nur eine Frage an eine Person.
- Sichern Sie die Erkenntnisse ab, indem Sie zu zweit ein Interview durchführen oder das Interview aufnehmen.

Der Aufbau des Interviewleitfadens ist in Tab. 3.4 für unser Beispiel dargestellt.

*Test von bestehenden Lösungen* Der Test von bestehenden Lösungen dient dazu, die Eigenschaften und Probleme von Produkten und Dienstleistungen zu identifizieren und zu hinterfragen, weshalb bestehende Lösungen in dieser Form

**Tab. 3.4** Interviewleitfaden Nutzer. (Schallmo 2017, S. 74)

| Datum/Uhrzeit | Ort | Interviewer | Nutzer |
|---|---|---|---|
| **Allgemeine Fragen.** Allgemeine Fragen, um das Interview zu eröffnen | | **Verständnisfragen.** Fragen, die dazu dienen, die Wünsche, Beschwerden und Motivationen zu verstehen | **Spezifische Fragen.** Spezifische Fragen, die dazu dienen, ein tief greifendes Verständnis zu den Nutzern aufzubauen |
| • Wie alt sind Sie? • Wie häufig gehen Sie einkaufen? • Was kaufen Sie ein? • … | | • Was gefällt Ihnen beim Einkaufen am besten? • Was vermissen Sie beim Einkaufen? • Weshalb kommen Sie hierher zum Einkaufen? • … | • Erzählen Sie von Ihrem schönsten Erlebnis in Bezug auf das Einkaufen? Was ist genau passiert? Wer war beteiligt? Weshalb haben Sie sich gut gefühlt? • … |

vorliegen. Neben Produkt- und Dienstleistungstests von Lösungen, die dem Themenfeld zugeordnet sind, können auch Produkte und Dienstleistungen anderer Bereiche getestet werden. Folgende Schritte sind im Rahmen von Produkt- und Dienstleistungstests (=Leistungstests) relevant (in Anlehnung an: Curedale 2013, S. 134):

- Identifikation von Anbietern bestehender Lösungen aus dem Themenfeld und anderen Bereichen
- Festlegung der Fragen, die mittels des Tests beantwortet werden sollen
- Durchführung des Produkt- und Dienstleistungstests
- Dokumentation in einem Testprotokoll.

Der Aufbau des Testprotokolls für die Leistung „Einkaufen im Supermarkt" in Tab. 3.5 dargestellt.

*Befragung von Experten* Die Befragung von Experten dient dazu, sich Fachwissen anzueignen. Neben Experten, die eine fachliche Expertise aufweisen, können auch Personen befragt werden, die in die Erbringung der Leistung involviert sind (z. B. Verkäufer in einem Supermarkt).

Analog zur der Befragung von Usern sind folgende Schritte sind im Rahmen der Befragung von Experten relevant (in Anlehnung an: d.school 2010; Ideo 2012b, S. 23 ff.; Curedale 2013, S. 128):

- Identifikation der geeigneten Experten
- Ableitung und Gruppierung von Fragen, die beantwortet werden sollen
- Erstellung eines Interviewleitfadens
- Befragung der Experten
- Dokumentation in einem Interviewprotokoll.

Die oben aufgeführten Empfehlungen für die Befragung von Usern haben für die Befragung von Experten ebenfalls eine Gültigkeit.

Der Aufbau des Interviewleitfadens ist in Tab. 3.6 für unser Beispiel dargestellt.

**Tab. 3.5** Testprotokoll für bestehende Lösungen. (Schallmo 2017, S. 76)

| Datum/Uhrzeit | Leistung Einkaufen im City Supermarkt | Tester |
|---|---|---|
| **Allgemeine Fragen** | | **Spezifische Fragen** |
| • Wie groß ist der Supermarkt? • Wie sind die Öffnungszeiten? • Wo ist der Standort des Supermarktes • … | | • Wie ist die Einrichtung gestaltet? • Fühlt man sich wohl? • Welche Probleme liegen vor? • … |
| **Bestandteile.** Welche Bestandteile liegen für die Leistung vor? | | **Ausprägung.** Vorhanden – teilweise vorhanden – fehlt |
| • Parkmöglichkeit | | • Fehlt |
| • Lieferung nach Hause | | • Fehlt |
| • … | | • … |
| **Merkmale.** Welche Merkmale liegen für die Leistung vor? | | **Ausprägung.** Erfüllt – teilweise erfüllt – nicht erfüllt |
| • Schnelle Erreichbarkeit | | • Erfüllt |
| • Übersichtliche Präsentation von Produkten | | • Erfüllt |
| • … | | • … |

**Tab. 3.6** Interviewleitfaden Experte. (Schallmo 2017, S. 77)

| Datum/Uhrzeit | Ort | Interviewer | Experte |
|---|---|---|---|
| | | | |
| **Allgemeine Fragen** Allgemeine Fragen, um das Interview zu eröffnen | | **Verständnisfragen** Fragen, die dazu dienen, die Wünsche, Beschwerden und Motivationen zu verstehen | |
| • Welche Lösungen gibt es für „Einkaufen im Supermarkt"? • Welche Lösungen halten Sie für innovativ? • Welche Alternativen gibt es aus Ihrer Sicht? • Welche Restriktionen liegen am Markt vor? • … | | • Was denken Sie gefällt Nutzern beim Einkaufen am besten? • Was denken Sie vermissen Nutzer beim Einkaufen? • Welche positiven/negativen Erfahrungen sind Ihnen hinsichtlich des Einkaufens bekannt? • … | |

## 3.4 „Sichtweisen definieren": Ein gemeinsames Bild entwickeln

**Zielsetzung und Fragen**

Die Phase „Sichtweisen definieren" hat folgende Zielsetzung:

- Zusammenfassen aller relevanten Erkenntnisse: die bisherigen Erkenntnisse zu Usern, zu bestehenden Lösungen und von Experten sollen zusammengetragen und interpretiert werden.
- Erstellung typischer Nutzerprofile: die Erkenntnisse sollen in typischen Nutzerprofilen dargestellt werden, um ein eindeutiges Bild vorliegen zu haben.
- Konkretisierung von Bedürfnissen: anhand der Nutzerprofile sollen Bedürfnisse abgeleitet und konkretisiert werden.

Die Phase „Sichtweisen definieren" beantwortet folgende Fragen:

- Wie können die gewonnenen Erkenntnisse aus der Phase „Design Challenge verstehen" zur Erstellung von Nutzerprofilen genutzt werden?
- Wie können typische User beschrieben und visualisiert werden?
- Wie kann die Nutzung des Produkts bzw. der Dienstleistung aus Sicht der User dargestellt werden?
- Wie können Bedürfnisse von Usern konkretisiert werden?

**Aktivitäten und Instrumente**

Innerhalb der Aktivitäten werden Instrumente eingesetzt, die dazu dienen, notwendige Ergebnisse zu erarbeiten.

*Beschreibung des Users* Auf Basis der gewonnenen Erkenntnisse aus der Beobachtung und Befragung von Usern erfolgt nun die Beschreibung eines typischen (fiktiven) Users. Es empfiehlt sich an dieser Stelle mindestens zwei User zu beschreiben, um unterschiedliche Perspektiven einzunehmen. Als Ergebnis liegt die User Empathy Map vor, die die wichtigsten Charakteristika eines Users enthält. Die Zielsetzung ist es, ein grundlegendes Verständnis über den User aufzubauen und diesen so detailliert wie möglich zu beschreiben. Neben Notizen und Skizzen können auch Bilder, z. B. aus Zeitschriften, eingesetzt werden, um die User Empathy Map zu erstellen.

Folgende Schritte sind im Rahmen der Beschreibung des Users relevant:

- Zusammentragen und Diskussion aller Erkenntnisse aus der Beobachtung und der Befragung von Usern
- Personifizierung des typischen Users anhand Charakteristika
- Emotionalisierung des typischen Users anhand Beschreibung
- Erstellung der User Empathy Map

Zur Personifizierung des typischen Users dienen z. B. folgende Charakteristika (Plattner et al. 2009, S. 167):

- Name: welchen Namen hat der typische User?
- Alter: wie alt ist der typische User?
- Geschlecht: welches Geschlecht hat der typische User?
- Familienstand: wie ist der Familienstand des typischen Users?
- Hobbies: welche Hobbies/Vorlieben hat der typische User?
- Wohnung: wie ist die Wohnung des typischen Users eingerichtet?
- Familie: wie lässt sich die Familie des typischen Users beschreiben?

Auf Basis der Personifizierung erfolgt nun die Emotionalisierung des typischen Users. Folgende Charakteristika sind dabei relevant (in Anlehnung an: Curedale 2013, S. 224; Gray et al. 2010, S. 65 f.):

- Sehen: was sieht der User und wie gestaltet sich sein Umfeld? Welche Angebote bekommt er?
- Hören: was hört der User von seinem Umfeld?
- Denken/Fühlen: was geht im Kopf des Users vor? Was sind seine Gefühle? Was beschäftigt ihn?

- Sagen: worüber spricht der User und wie verhält er sich in der Öffentlichkeit? Was erzählt er anderen?
- Frust/Sorgen: was bereitet dem User Frust und Sorgen? Was sind seine größten Hindernisse/ Ängste/Probleme? Was sind die größten Hürden auf dem Weg zur Erreichung seiner Ziele?
- Lust/Freude: was bereitet dem User Lust und Freude? Was möchte der User erreichen? Welche Ziele/Wünsche hat er? Was motiviert ihn?
- Job to be done/notwendige Lösung: welche Probleme hat er? Welche Bedürfnisse entstehen daraus? Welche Aufgabe muss er erledigen? Welche Lösung ist für ihn notwendig?

Die aufgeführten Charakteristika zur Personifizierung und Emotionalisierung des Users müssen dabei nicht immer vollständig angewandt werden; sie dienen vielmehr als Anregung. Die beschriebenen Charakteristika sind in der User Empathy Map zusammengefasst, was in Abb. 3.3 exemplarisch dargestellt ist.

Im Rahmen der Vorstellung der Ergebnisse der User Empathy Map wird Storytelling eingesetzt, um den jeweiligen User zu veranschaulichen (siehe hierzu: Stickdorn und Schneider 2014, S. 202).

*Analyse der User Journey* Im Anschluss an die Erstellung der User Empathy Map erfolgt nun die Analyse der User Journey. Die Analyse der User Journey empfiehlt sich besonders für die Erarbeitung neuer Dienstleistungen, da hierbei häufig auch neue Prozesse entwickelt werden müssen. Entscheidend bei der Analyse der User Journey ist, diese aus Usersicht zu erstellen und die gewonnenen Erkenntnisse aus der Phase „Design Challenge verstehen" zu integrieren.

Folgende Schritte sind im Rahmen der Analyse der User Journey relevant (in Anlehnung an: Stickdorn und Schneider 2014, S. 158 f.; Curedale 2013, S. 213):

- Festlegung der wichtigsten Phasen aus Usersicht
- Ableitung der wichtigsten Bedürfnisse und Aufgaben des Users je Phase
- Beschreibung der wichtigsten Erfahrungen des Users je Phase
- Ableitung der wichtigsten Kontaktpunkte des Users je Phase.

Zur Analyse der wichtigsten Phasen aus Usersicht dient zunächst eine allgemein gültige Beschreibung der User Journey. Die User Journey umfasst z. B. das Erkennen eines Bedürfnisses auf Userseite (1), das Sammeln von Leistungsinformationen (2), die Kaufabwicklung (3), die Verwendung der Leistung (4) und evtl. die Entsorgung (5) (Muther 2001, S. 14–17; Schallmo 2013, S. 209). Neben den fünf aufgeführten Phasen liegen auch Varianten vor; Abb. 3.4 stellt exemplarisch die User Journey mit vier Phasen vor.

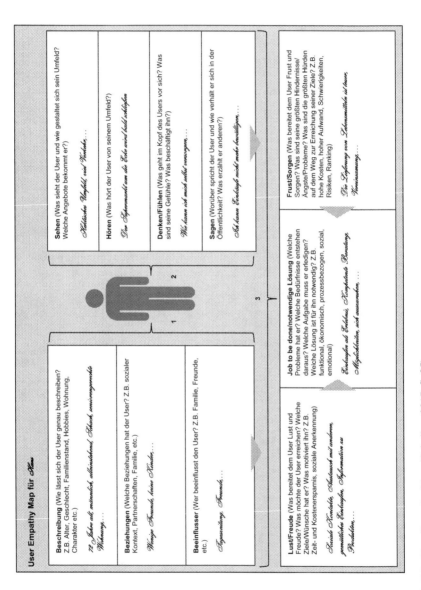

**Abb. 3.3**  User Empathy Map. (Schallmo 2017, S. 85)

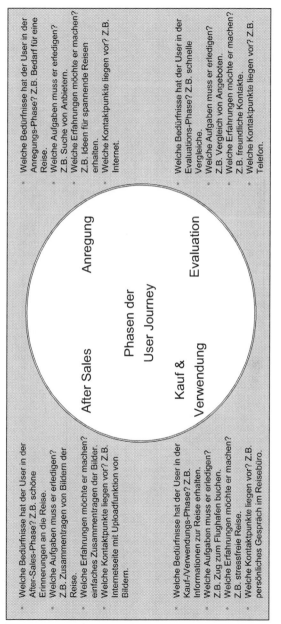

**Abb. 3.4** Phasen der User Journey. (Schallmo 2017, S. 86)

| | 1 Vorbereitung | 2 Hinweg | 3 Einkauf | 4 Rückweg | 5 Verbrauch |
|---|---|---|---|---|---|
| **Bedürnisse/Aufgaben** | • Identifikation benötigter Lebensmittel<br>• Erstellen einer Einkaufsliste<br>• … | • Schnelle Erreichbarkeit<br>• Einfache Erreichbarkeit<br>• … | • Information zu Lebensmitteln<br>• Sozialer Kontakt<br>• Möglichkeiten zum Ausruhen<br>• Gang zum WC<br>• Verpacken und Bezahlen der Lebensmittel<br>• … | • Unbeschwerter Transport der Lebensmittel nach Hause<br>• … | • Sachgerechte Lagerung der Lebensmittel<br>• Verarbeitung der Lebensmittel<br>• … |
| **Erfahrungen** | • Kein Überblick über aktuellen Bestand<br>• … | • Keine ausreichende Beschilderung<br>• … | • Enge Gänge<br>• Unübersichtlichkeit<br>• Hektik und Gedränge an der Kasse<br>• … | • Überfüllte Busse<br>• Viel Verkehr<br>• … | • Lebensmittel verderben<br>• … |
| **Kontakt-punkte** | • Prospekte von Supermärkten mit Angeboten<br>• … | • Bus<br>• … | • Verkaufsraum<br>• Verkaufspersonal<br>• … | • Bus<br>• … | • Eigene Küche<br>• … |

**Abb. 3.5**  Beispiel für eine User Journey. (Schallmo 2017, S. 87)

Je nach User, Branche und Leistungsangebot des Unternehmens können andere Phasen aus Usersicht relevant sein; die Phasen sind daher individuell zu erarbeiten. In Abb. 3.5 ist eine User Journey exemplarisch dargestellt. Analog zu der User Empathy Map, kann die User Journey ebenfalls durch den Einsatz von Storytelling ergänzt werden.

*Ableitung von User Needs* Die User Empathy Map und die User Journey dienen nun dazu, um auf Basis von Problemen und Wünschen konkrete Bedürfnisse abzuleiten. Die Bedürfnisse gelten dabei für einen User, können aber auch zusammengefasst werden. Sie werden wie folgt kategorisiert und sind mit Beispielen für ein Mobiltelefon erläutert:

- Funktionen: welche Funktionen erwartet der User von dem Produkt? Welche fünf Funktionen sind die wichtigsten? Z. B. lange Betriebszeit von Akkus, leichtes Gewicht.
- Anforderungen: welche Anforderungen hat der User an das Produkt bzw. an die Dienstleistung? Welche fünf Anforderungen sind die wichtigsten? Z. B. bezahlbar, leicht verständlich.
- Erfahrungen: welche Erfahrungen möchte der User mit dem Produkt bzw. mit der Dienstleistung machen? Welche fünf Erfahrungen sind die wichtigsten? Z. B. Freude, gutes Gefühl.

Zusätzlich zu der Kategorisierung der Bedürfnisse sollte auch deren Wichtigkeit festgelegt werden. Die Trennung der drei Kategorien ist dabei nicht immer einfach. Je nach Zielsetzung können dabei Schwerpunkte gesetzt werden. Tab. 3.7 stellt die User Needs dar.

## 3.5  „Ideen gewinnen": Lösungsansätze ableiten

### Zielsetzung und Fragen
Die Phase „Ideen gewinnen" hat folgende Zielsetzung:

- Gewinnung zahlreicher Ideen: mittels der Gewinnung von Ideen sollen Lösungen zur Erfüllung der abgeleiteten Bedürfnisse erarbeitet werden.
- Konzentration auf relevante Ideen: da nicht alle gewonnenen Ideen umgesetzt werden können, sollen diese bewertet werden, um sich auf die relevanten Ideen zu konzentrieren.

**Tab. 3.7**  User Needs. (Schallmo 2017, S. 88)

| User Needs von Hans | |
|---|---|
| **Funktionen** Welche Funktionen erwartet der User von dem Produkt? | **Wichtigkeit** Sehr wichtig – wichtig – nicht wichtig |
| • keine | • |
| • | • |
| • | • |
| **Anforderungen** Welche Anforderungen hat der User an das Produkt bzw. an die Dienstleistung? | **Wichtigkeit** Sehr wichtig – wichtig – nicht wichtig |
| • Die Lebensmittel sollen nach wie vor bezahlbar sein | • Sehr wichtig |
| • Das Prinzip sollte einfach und schnell zu verstehen sein | • Wichtig |
| • … | • … |
| **Erfahrungen** Welche Erfahrungen möchte der User mit dem Produkt bzw. mit der Dienstleistung machen? | **Wichtigkeit** Sehr wichtig – wichtig – nicht wichtig |
| • Eine Beratung durch ausgebildetes Servicepersonal wäre klasse | • Wichtig |
| • Der Austausch mit anderen Menschen in einem angenehmen Umfeld würde mir Freude bereiten | • Sehr wichtig |
| • … | • … |

Die Phase „Ideen gewinnen" beantwortet folgende Fragen:

- Wie können für die Bedürfnisse von Nutzern Ideen für Lösungen abgeleitet werden?
- Wie können Ideen einheitlich beschrieben werden?
- Wie können Ideen bewertet werden, um sich auf relevante Ideen zu konzentrieren?

**Aktivitäten und Instrumente**
Innerhalb der Aktivitäten werden Instrumente eingesetzt, die dazu dienen, notwendige Ergebnisse zu erarbeiten.

*Ableitung von Ideen* Auf Basis der Nutzerprofile und der User Needs werden nun Ideen abgeleitet. Hierfür wird neben Brainstorming auch Brainwriting (siehe

Steiner 2007, 300–313; Vahs und Burmester 2005, S. 168 f.; Stummer et al. 2008, S. 58), eingesetzt, um Ideen in Form von Skizzen visuell zu unterstützen. Ferner ist es somit einfacher, Ideen im Anschluss zu gruppieren. Neben den beiden genannten Kreativitätstechniken erfolgt auch der Einsatz der Galerie-Methode. Die Galerie-Methode kombiniert Einzel- mit Gruppenarbeit (Gassmann und Sutter 2008, S. 331) und Brainstorming mit Brainwriting (Engeln 2006, S. 103). In Anlehnung an Engeln (2006, S. 103 f.) werden folgende Schritte festgelegt:

- Einführung: Der Moderator stellt die Aufgabe vor.
- Ideenbildung I: Es werden Ideen gewonnen, die schriftlich/grafisch festgehalten werden.
- Assoziation: Die Ideen werden in einer Galerie (meist Metaplanwände) ausgehängt und diskutiert.
- Ideenbildung II: Die ausgehängten Ideen werden weiterentwickelt.
- Selektion: Die Ideen werden gesichtet, vervollständigt und gruppiert.

Als Ergebnis liegt ein Ideenpool vor, der alle Ideen enthält; doppelte bzw. ähnliche Ideen werden zusammengefasst. In Abb. 3.6 ist ein Ideenpool für unser Beispiel dargestellt.

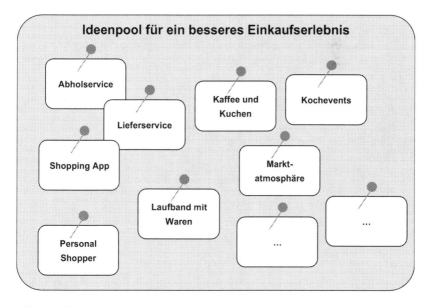

**Abb. 3.6**  Ideenpool für ein besseres Einkaufserlebnis. (Schallmo 2017, S. 142)

Um Ideen zu gewinnen liegen Quellen vor, die eingesetzt werden können; ferner müssen für den Einsatz von Kreativitätstechniken Regeln beachtet werden. Als Quellen für die Gewinnung von Ideen können neben Experten der Industrie auch Technologie-Trends berücksichtigt werden. Folgende Quellen können dabei zum Einsatz kommen (Schallmo 2013, S. 172):

- Patentdatenbanken: Das Deutsche Patent- und Markenamt mit Sitz in München verfügt z. B. über ein DPMA-Register, das Publikationen und Register mit Patenten, Marken und Mustern enthält; zusätzlich liegt ein elektronisches Patentdokumentenarchiv vor (DPMA 2011). Die Patentdaten können dazu genutzt werden, um sog. White-Spot-Analysen durchzuführen, die Problem-Lösungs-Kombinationen erstellen und Potenziale (sog. White-Spots) für Unternehmen aufzeigen (Fraunhofer 2012a).
- Marktforschungsunternehmen: Forrester und Gartner sind zwei Marktforschungsunternehmen, die sich auf Analysen im Technologiebereich spezialisiert haben (Forrester 2012; Gartner 2012).
- Forschungsberichte von Unternehmen: Die Siemens AG erstellt zweimal jährlich die sogenannten Pictures of the Future, die wesentliche Technologietrends und Zukunftsszenarien enthalten (Siemens 2012; Stummer et al. 2008, S. 40).
- Forschungsberichte von Universitäten und Instituten: Das MIT veröffentlicht jedes Jahr in der technology review zehn sog. Emerging Technologies die zukünftig einen hohen Einfluss auf Märkte haben werden (MIT 2011).
- Forschungsberichte von Ministerien: Das Bundesministerium für Wirtschaft und Technologie bietet z. B. Informationen zu Schlüsseltechnologien an (BMWi 2011).

Die Regeln für den Einsatz der Kreativitätstechniken (Brainstorming, Brainwriting, Galerie-Methode) sind ähnlich der bereits vorgestellten Regeln, die für den gesamten Design Thinking Prozess gelten: (Ideo 2012a, S. 51; d.school 2010, S. 32):

- Visualisieren: Ideen und Lösungsansätze werden mittels Skizzen visualisiert.
- Nur einer spricht: es spricht jeweils nur ein Design Thinker, da alle Ideen angehört werden sollen.
- Ideen fördern: ungewöhnliche Ideen sollen gefördert werden, auch wenn diese zunächst unrealistisch erscheinen.

- Kritik zurückstellen: es gibt keine schlechten Ideen und es liegt genügend Zeit vor, Ideen weiter auszuführen.
- Quantität ist wichtig: um eine gute Ideen zu finden, müssen viele Ideen gewonnen werden.
- Fokussieren: alle Teammitglieder sollen beim Thema bleiben und das Hauptziel nicht aus den Augen verlieren.
- Auf Ideen aufbauen: abgeleitete Ideen sollen weiterentwickelt werden; besser „und" als „aber".
- Elektronische Geräte abstellen: alle Teammitglieder nehmen teil und konzentrieren sich auf die Gewinnung von Ideen.

*Beschreibung von Ideen* Die gewonnenen Ideen werden nun beschrieben und bewertet. Hierfür wird ein Ideensteckbrief erstellt, der folgende Kriterien beinhaltet (in Anlehnung an: Liedtka und Ogilvie 2011, S. 209):

- Titel der Idee
- Bedürfnis: welche Nutzer fordern die Idee? Welche unbefriedigten Bedürfnisse erfüllt die Idee?
- Lösung: welchen Einfluss hat die Idee auf Fähigkeiten und Ressourcen? Wie erzeugt die Idee einen Nutzen? Wie wird das Unternehmen einen Wettbewerbsvorteil mit der Idee erzeugen?
- Nutzen: welchen Nutzen wird der User erhalten? Welchen Nutzen wird das Unternehmen erhalten? Welche anderen Beteiligten werden einen Nutzen erhalten?
- Wettbewerb: welche Unternehmen befriedigen derzeit das Bedürfnis? Wie werden diese Unternehmen auf unsere Idee reagieren?

Der Ideensteckbrief ist in Tab. 3.8 für unser Beispiel dargestellt.

Anhand der einheitlichen Beschreibung von Ideen ist es möglich, diese miteinander zu vergleichen. Im Anschluss an die Beschreibung der Ideen erfolgt deren Bewertung, um relevante Ideen auszuwählen.

**Tab. 3.8** Ideensteckbrief. (Schallmo 2017, S. 97)

Titel der Idee: Lebensmittel auf einem Laufband anbieten und mit Kaffee und Kuchen kombinieren

| Bedürfnis | Lösung |
|---|---|
| • Welche Nutzer fordern die Idee?<br>• Welche unbefriedigten Bedürfnisse erfüllt die Idee? | • Welchen Einfluss hat die Idee auf Fähigkeiten und Ressourcen des Unternehmens? Wie erzeugt die Idee einen Nutzen? Wie wird das Unternehmen einen Wettbewerbsvorteil mit der Idee erzeugen? |
| • Ältere Menschen, die einen Austausch mit anderen Menschen fordern und häufig durch einen Einkauf erschöpft sind.<br>• Soziale Kontakte während des Einkaufs.<br>• Bequemes Einkaufen ohne Erschöpfung | • Es ist zusätzliche Verkaufsfläche und zusätzliches Personal notwendig; ferner muss die Bereitstellung von Kaffee und Kuchen gewährleistet sein.<br>• Nutzer haben die Möglichkeit, sich untereinander auszutauschen und in einem angenehmen Umfeld ihre Einkäufe zu tätigen.<br>• Bestehende Kunden werden mit dem Angebot stärker an das Unternehmen gebunden und es können neue Kunden dazugewonnen werden |
| **Nutzen** | **Wettbewerb** |
| • Welchen Nutzen wird der User erhalten? Welchen Nutzen wird das Unternehmen erhalten? Welche anderen Beteiligten werden einen Nutzen erhalten? | • Welche Unternehmen befriedigen derzeit das Bedürfnis? Wie werden diese Unternehmen auf die Idee reagieren? |
| • Einkaufen wird zum Erlebnis, indem der soziale Austausch und bequemes Einkaufen kombiniert wird.<br>• Gewinnung neuer Kunden und Bindung bestehender Kunden → Umsatzsteigerung.<br>• Markenhersteller haben die Möglichkeit, ihre Produkte gezielter zu positionieren | • Kaffeehäuser könnten einen Einkaufsservice anbieten.<br>• Andere Supermärkte könnten die Idee kopieren |

## 3.6 „Prototypen entwickeln": Lösungen greifbar machen

**Zielsetzung und Fragen**

Die Phase „Prototypen entwickeln" hat folgende Zielsetzung:

- Umsetzung der relevanten Ideen in sichtbare Lösungen: die zuvor gewonnenen Ideen sollen in Form von Prototypen unterschiedlicher Art umgesetzt werden.
- Nutzung der besten Eigenschaften der jeweiligen Prototypen: die besten Eigenschaften der jeweiligen Prototypen sollen genutzt werden, um eine Verbesserung zu ermöglichen.

Die Phase „Prototypen entwickeln" beantwortet folgende Fragen:

- Wie können Ideen in Form von Prototypen visualisiert werden?
- Welche unterschiedlichen Formen von Prototypen gibt es und welche Hilfsmittel werden eingesetzt?
- Wie können Prototypen geprüft, verbessert und miteinander kombiniert werden?

**Aktivitäten und Instrumente**

Innerhalb der Aktivitäten werden Instrumente eingesetzt, die dazu dienen, notwendige Ergebnisse zu erarbeiten.

*Entwicklung von Prototypen* Auf Basis der gewonnenen Ideen werden nun Prototypen in unterschiedlicher Form entwickelt. Folgende Formen sind dabei möglich:

- Skizze: eine Skizze, die das Produkt oder die Dienstleistung illustriert und bei Bedarf um Zeitschriftenausschnitte ergänzt wird. Für unser Beispiel liegt eine Skizze des Laufbands mit Lebensmitteln vor.
- Story: eine Story, die die Verwendung des Produkts bzw. der Dienstleistung durch den typischen User beschreibt. Für unser Beispiel wird eine Story erzählt, wie Hans die neue Dienstleistung in Anspruch nimmt.
- Film: ein Film, der die Verwendung des Produkts bzw. der Dienstleistung durch den typischen User aufzeigt. Ein Film zeigt auf, wie Hans, gespielt von einem Teammitglied, die Dienstleistung verwendet.
- Modell: ein Modell, das die Funktionsweise des Produkts bzw. den Ablauf der Dienstleistung aufzeigt. Hierfür kommen alle Materialien zum Einsatz, die in der Design Thinking Box enthalten sind. Bei Bedarf können auch Kartonagen und Styropor eingesetzt werden. Für unser Beispiel werden Tische, Stühle, Folien etc. verwendet, um die neue Dienstleistung darzustellen.

**Modell**

**Film**

**Story**

Hans geht in den Supermarkt und erhält die Möglichkeit, während des Sitzens Kaffee und Kuchen zu genießen und seinen Einkauf.....

**Skizze**

**Abb. 3.7** Formen der Prototypen. (Schallmo 2017, S. 104)

Abb. 3.7 zeigt die unterschiedlichen Formen der Prototypen exemplarisch auf. Neben der Entwicklung der Prototypen werden diese geprüft, verbessert und miteinander kombiniert. Folgende Schritte sind im Rahmen der Entwicklung von Prototypen relevant:

- Bildung von Sub-Teams (ggf. für unterschiedliche Bedürfnisbereiche/Ideen-Steckbriefe)
- Entwicklung von unterschiedlichen Prototypen je Sub-Team
- Prüfung, Verbesserung und Kombination von Prototypen.

## 3.7 „Prototypen testen": Verbesserungen vornehmen

**Zielsetzung und Fragen**
Die Phase „Prototypen testen" hat folgende Zielsetzung:

- Gewinnung von Erfahrungen der Nutzer: mittels des Tests der Prototypen mit den Nutzern sollen Erfahrungen gewonnen werden, die der Weiterentwicklung der Prototypen dienen.
- Auswahl des Erfolg versprechenden Prototyps: die weiterentwickelten Prototypen werden bewertet, um sich in der darauffolgenden Phase auf den Erfolg versprechenden Prototyp zu konzentrieren.

Die Phase „Prototypen testen" beantwortet folgende Fragen:

- Wie können Prototypen mit Nutzern getestet werden?
- Wie können Erfahrungen einheitlich dokumentiert werden?
- Wie kann das Feedback der Nutzer in den Prototyp integriert werden?
- Wie können Prototypen bewertet werden, um den Erfolg versprechenden Prototyp auszuwählen?

**Aktivitäten und Instrumente**
Innerhalb der Aktivitäten werden Instrumente eingesetzt, die dazu dienen, notwendige Ergebnisse zu erarbeiten.

*Test der Prototypen bei Usern* Der Test der Prototypen bei Usern dient dazu, zu beobachten, wie User mit den Prototypen umgehen; hierfür können auch Rollenspiele zum Einsatz kommen. Die Zielsetzung ist es, Erfahrungen während der

Verwendung der Prototypen durch den User zu gewinnen. Dabei ist darauf zu achten, dass der Test in einer Situation stattfindet, in der das Produkt bzw. die Dienstleistung typischerweise zum Einsatz kommt. Folgende Schritte sind im Rahmen des Tests der Prototypen bei Usern relevant (in Anlehnung an: d.school 2010; Ideo 2012a, S. 60 ff.):

- Identifikation der geeigneten User und der geeigneten Situationen
- Vorstellung der Prototypen bei den Usern (ohne Erklärung)
- Beobachtung der User während der Verwendung
- Stellen relevanter Fragen
- Dokumentation in einem Testprotokoll.

In Tab. 3.9 ist für unser Beispiel ein Testprotokoll dargestellt.

*Feedback von Usern einholen* Aufbauend auf dem Test der Prototypen wird von den Usern Feedback eingeholt, um zusätzliche Ideen zu gewinnen und Weiterentwicklungen vorzunehmen. Das Feedbackprotokoll fasst alle Informationen zusammen (Curedale 2013, S. 351 f.) und ist in Tab. 3.10 exemplarisch dargestellt.

*Bewertung von Prototypen* Nachdem die Test- und Feedbackprotokolle ausgewertet wurden, erfolgt die Weiterentwicklung und Bewertung der Prototypen. Somit ist es möglich, den Erfolg versprechenden Prototyp auszuwählen, der in der letzten Phase in ein tragfähiges Geschäftsmodell integriert wird. In Tab. 3.11 ist exemplarisch ein Bewertungsprotokoll für den Prototyp dargestellt.

**Tab. 3.9** Testprotokoll Prototyp. (Schallmo 2017, S. 110)

| Datum/Uhrzeit | Ort | Tester |
|---|---|---|
| **Verwendung des Prototyps.** Wie verwendet der User den Prototyp? | **Reaktionen des Users.** Beobachtung, wie der User während der Verwendung des Prototyps reagiert | **Gedanken des Users.** Nachfrage, was der User im Moment der Verwendung über den Prototyp denkt |
| • Hans setzt sich intuitiv an den Tisch<br>• Hans sieht die Karte und bestellt einen Tee<br>• Hans greift intuitiv nach den vorbeifahrenden Lebensmitteln<br>• … | • Hans scheint über den Prototyp überrascht zu sein<br>• Nach einiger Zeit sucht er nach weiteren Lebensmitteln<br>• … | • „Ich empfand den Prototyp als innovativ"<br>• „Ich habe nicht gleich verstanden, weshalb nicht alle Lebensmittel verfügbar waren"<br>• … |

**Tab. 3.10** Feedbackprotokoll User. (Schallmo 2017, S. 111)

| Datum/Uhrzeit | Ort | Interviewer |
|---|---|---|
| **Positive Eigenschaften** Was begeistert den User? | **Veränderungen** Was würde der User verändern? | **Offene Fragen** Welche offenen Fragen hat der User? |
| • Einfache Verwendung | • Größere Kuchenstücke | • Wie wird bezahlt? |
| • Bequemes Einkaufen | • Laktosefreie Milch | • Wie transportierte ich den Einkauf? |
| **Ideen** Welche Ideen hat der User? Z. B. etwas ersetzen, etwas kombinieren, etwas adaptieren, etwas zweckentfremden, etwas weglassen, etwas hinzufügen | | |
| • Zusätzlich Mittagessen anbieten | • Kochkurs anbieten | • Lieferung nach Hause |
| • … | • | • |

**Tab. 3.11** Bewertungsprotokoll für den Prototyp. (Schallmo 2017, S. 112)

| Prototyp: Laufband mit Lebensmitteln und einer Möglichkeit, Kaffee und Kuchen zu konsumieren | Abschließende Bewertung: es wird eine Umsetzung empfohlen |
|---|---|
| Nutzenbeitrag des Prototyps für User | Imitierbarkeit des Prototyps durch Wettbewerber |
| • Bequemes Einkaufen • Soziale Kontakte | • Leicht imitierbar durch Wettbewerber |
| Lebensdauer des Prototyps | Dauer der Realisierung des Prototyps |
| • Hohe Lebensdauer, da ständig neue Kunden dazu kommen | • Ca. 6 Monate |
| Kosten zu Realisierung des Prototyps | Umsatzpotenzial des Prototyps für Unternehmen |
| • Ca. 50.000 €, inkl. Umbau | • Hoch, da zwei Umsatzquellen (Kaffee/ Kuchen und Lebensmittel) |
| Höhe des Deckungsbeitrags mit Prototyps | … |
| • Mit Lebensmitteln nicht höher als sonst, mit Kaffee und Kuchen ca. 30 % | • … |

## 3.8 „Prototypen integrieren": Ein Geschäftsmodell entwickeln

**Zielsetzung und Fragen**
Die Phase Prototyp integrieren hat folgende Zielsetzung:

- Integration eines Prototyps in ein Geschäftsmodell: aus den bewerteten Prototypen soll der Erfolg versprechende Prototyp ausgewählt und in ein Geschäftsmodell integriert werden.

Die Phase „Prototyp integrieren" beantwortet folgende Fragen:

- Wie kann der Erfolg versprechende Prototyp in ein tragfähiges Geschäftsmodell integriert werden?
- Wie kann ein Geschäftsmodell entwickelt und einheitlich beschreiben werden?

**Aktivitäten und Instrumente**
Innerhalb der Aktivitäten werden Instrumente eingesetzt, die dazu dienen, notwendige Ergebnisse zu erarbeiten.

*Integration in ein Geschäftsmodell* Ausgehend von dem entwickelten Prototyp gilt es nun, ein Geschäftsmodell zu entwickeln. Die identifizierten Nutzer werden nun als Kunden bezeichnet und Kundensegmenten zugeordnet. Dabei ist das Betrachtungsspektrum eines Geschäftsmodells weiter gefasst, weshalb weitere Kundensegmente abgeleitet werden. Analog verhält es sich bei den Leistungen, die neben dem Prototyp für ein Produkt oder eine Dienstleistung auch breiter gefasst sein können.

Um Geschäftsmodelle zu beschreiben, betrachten wir zunächst die folgende Definition (Schallmo 2013, S. 22 f.):

▷ Ein Geschäftsmodell ist die Grundlogik eines Unternehmens, die beschreibt, welcher Nutzen auf welche Weise für Kunden und Partner gestiftet wird. Ein Geschäftsmodell beantwortet die Frage, wie der gestiftete Nutzen in Form von Umsätzen an das Unternehmen zurückfließt. Der gestiftete Nutzen ermöglicht eine Differenzierung gegenüber Wettbewerbern, die Festigung von Kundenbeziehungen und die Erzielung eines Wettbewerbsvorteils. Ein Geschäftsmodell beinhaltet Dimensionen und Elemente. Die Zielsetzung ist, die Geschäftsmodell-Elemente so miteinander zu kombinieren, dass sich die Geschäftsmodell-Elemente gegenseitig verstärken. Somit ist es möglich, Wachstum zu erzielen und gegenüber Wettbewerbern schwer imitierbar zu sein.

Die Dimensionen von Geschäftsmodellen lassen sich wie folgt erläutern (Schallmo 2013, S. 118 f.):

- Kundendimension: Welche Kundensegmente sollen mit dem Geschäftsmodell erreicht werden? Mittels welcher Kundenkanäle sollen die Kundensegmente erreicht werden? Wie soll die Beziehung zu Kundensegmenten ausgestaltet werden?
- Nutzendimension: Welcher Nutzen soll durch welche Leistungen für Kundensegmente gestiftet werden?
- Wertschöpfungsdimension: Welche Ressourcen und Fähigkeiten sind notwendig, um die Leistungen zu erstellen und das Geschäftsmodell zu betreiben? Welche Prozesse sollen ausgeführt werden?
- Partnerdimension: Welche Partner sind für das Geschäftsmodell notwendig? Mittels welcher Partnerkanäle soll mit den Partnern kommuniziert werden und wie sollen die Leistungen beschafft werden? Welche Beziehung soll zu den jeweiligen Partnern vorliegen?
- Finanzdimension: Welche Umsätze werden mit den Leistungen erzielt? Welche Kosten werden durch das Geschäftsmodell verursacht? Welche Mechanismen sollen jeweils für Umsätze und Kosten zum Einsatz kommen?

Abb. 3.8 stellt die Geschäftsmodell-Dimensionen und -Elemente grafisch dar. Die grafische Darstellung ist notwendig, um neue Geschäftsmodelle vollständig und

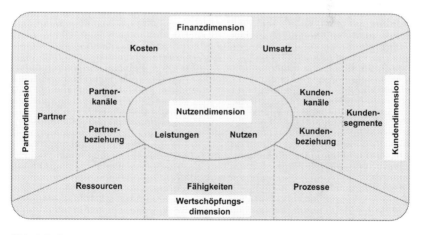

**Abb. 3.8** Raster zur Beschreibung von Geschäftsmodellen. (In Anlehnung an Schallmo 2013, S. 119)

einheitlich zu beschreiben; zudem können die Zusammenhänge der Geschäftsmodell-Elemente dargestellt werden. Selbstverständlich können bereits existierende
Geschäftsmodelle ebenfalls beschrieben werden.

Der Vorteil des Rasters für die Geschäftsmodell-Dimensionen und -Elemente
liegt darin, dass im Rahmen der Analyse bzw. Weiterentwicklung des Geschäftsmodells unter den Beteiligten Personen ein einheitliches Verständnis vorliegt.

Um die Geschäftsmodell-Elemente näher zu erläutern, liegen Kernfragen vor,
die im Rahmen der Entwicklung eines neuen Geschäftsmodells unterstützen können (siehe Schallmo 2017, S. 119 ff.).

## 3.9    Zusammenfassung in einem Vorgehensmodell

In Abb. 3.9 sind die zuvor beschriebenen Phasen der Roadmap innerhalb eines
Vorgehensmodells zusammengefasst. Dabei sind Ziele, Aktivitäten und Ergebnisse beschrieben.

Das Vorgehensmodell verfolgt das Ziel, für ein Themenfeld eine Design Challenge zu formulieren, die es mit einem neuen Produkt oder einer neuen Dienstleistung zu lösen gilt. Das Produkt bzw. die Dienstleistung wird als Prototyp
erstellt und orientiert sich dabei an den Bedürfnissen eines typischen Users. Der
Prototyp wird getestet und anschließend in ein tragfähiges Geschäftsmodell integriert.

Das Vorgehensmodell ist generisch und kann an die individuellen Anforderungen von Unternehmen angepasst werden. Ebenso können entsprechende Schwerpunkte in den einzelnen Phasen gesetzt werden.

| | 1 Design Challenge definieren | 2 Design Challenge verstehen | 3 Sichtweisen definieren | 4 Ideen gewinnen | 5 Prototypen entwickeln | 6 Prototypen testen | 7 Prototyp integrieren |
|---|---|---|---|---|---|---|---|
| **Ziele** | • Zulassen eines breiten Blickfelds und Konzentration auf eine Design Challenge | • Sicherstellung eines gemeinsamen Verständnisses, Orientierung an User und Aufbau von Fachwissen | • Zusammenfassen aller relevanten Erkenntnisse und Erstellung von typischen Nutzerprofilen | • Gewinnung von zahlreichen Ideen und Konzentration auf relevante Ideen | • Umsetzung von relevanten Ideen in sichtbare Lösungen | • Auswahl des erfolgversprechenden Prototyps | • Integration des Prototyps in ein tragfähiges Geschäftsmodell |
| **Aktivitäten** | • Ableitung und Bewertung unterschiedlicher Themenfelder<br>• Formulierung einer Design Challenge<br>• Festlegung des Projektplans | • Beobachtung der typischen User<br>• Befragung der typischen Usern<br>• Testen bestehender Lösungen<br>• Befragung von Experten<br>• Erheben weiterer Informationen | • Erarbeitung von Nutzerprofilen<br>• Ableitung von Bedürfnissen. | • Ableitung von Ideen<br>• Gruppierung und Überarbeitung von Ideen<br>• Beschreibung und Bewertung von Ideen. | • Entwicklung von unterschiedlichen Prototypen (=Lösungen) auf Basis der relevanten Ideen<br>• Prüfung, Verbesserung und Kombination von Prototypen | • Test von Prototypen mit Nutzen zur Gewinnung von Erfahrungen<br>• Weiterentwicklung von Prototypen<br>• Bewertung von Prototypen | • Erarbeitung eines Geschäftsmodells anhand eines einheitlichen Rasters |
| **Ergebnisse** | • Themenfeldpool mit bewerteten Themenfeldern<br>• Design Challenge mit typischen Usern<br>• Projektplan mit Terminen, Kosten und Ergebnissen | • Beobachtungsprotokoll der typischen User<br>• Interviewprotokoll der typischen User<br>• Testprotokoll bestehender Lösungen<br>• Interviewprotokoll der Experten<br>• Ausgewertete Informationen | • User Empathy Map<br>• User Journey<br>• User Needs | • Ideen zur Erfüllung von Bedürfnissen<br>• Gruppierte und überarbeitete Ideen<br>• Beschriebene und bewertete Ideen | • Prototypen in unterschiedlichen Ausführungen (z.B. Skizze, Story, Film, Modell) | • Testprotokoll der Prototypen<br>• Feedbackprotokoll mit Ideen von Usern<br>• Bewertungsprotokoll Prototyp | • Einheitliche Beschreibung des Geschäftsmodells anhand von fünf Dimensionen |

**Abb. 3.9** Vorgehensmodell mit Zielen, Aktivitäten und Ergebnissen. (Schallmo 2017, S. 59)

# Zusammenfassung

4

In Kapitel eins wurde die Entstehung von Design Thinking dargestellt. Es wurden ebenso zwei Projektbeispiele beschrieben. In Kapitel zwei wurden die Grundlagen zu Design Thinking behandelt. Dabei waren insbesondere die Unterschiede zwischen den Begriffen „Design" und „Business", die Definition von Design Thinking und die vier grundlegenden Prinzipien von Design relevant.

In dem dritten Kapitel wurde die Roadmap für Design Thinking mit den sieben Phasen dargestellt. Hierbei wurde jeweils auf Ziele, Fragen, Aktivitäten und Instrumenten eingegangen.

Die Phase „Design Challenge definieren" enthielt die Ableitung von Themenfeldern und deren Bewertung. Es wurde ebenso aufgezeigt, wie für ein ausgewähltes Themenfeld eine Design Challenge formuliert wird. Abschließend wurde erläutert, wie ein Projektplan erarbeitet wird, der Termine, Kosten und Ergebnisse beinhaltet. In der Phase „Design Challenge verstehen" wurde erklärt, wie für die zu bearbeitende Design Challenge ein gemeinsames Verständnis aufgebaut wird. Die Phase „Sichtweisen definieren" hat veranschaulicht, wie typische User beschrieben und auf dieser Basis Bedürfnisse hinsichtlich der gewünschten Funktionen, Anforderungen und Erfahrungen von Produkten und Dienstleistungen abgeleitet werden. Die Phase „Ideen gewinnen" hat dargestellt, wie Kreativitätstechniken eingesetzt werden, um Ideen zu gewinnen, die dazu dienen, Bedürfnisse zu befriedigen.

Die Phase „Entwicklung von Prototypen" hat gezeigt, wie die gewonnenen Ideen dazu dienen, unterschiedliche Formen von Prototypen zu entwickeln. In der Phase „Prototypen testen" wurde vorgestellt, wie Prototypen mit Usern getestet werden, wie von Usern Feedback eingeholt und wie Prototypen bewertet werden. Die Phase „Integration des Prototyps" hat aufgezeigt, wie das Geschäftsmodell erstellt wird. In Abb. 4.1 sind die grundlegenden Informationen zu Design Thinking zusammenfassend dargestellt.

© Springer Fachmedien Wiesbaden GmbH, ein Teil von Springer Nature 2018     49
D. R. A. Schallmo, *Jetzt Design Thinking anwenden,* essentials,
https://doi.org/10.1007/978-3-658-22077-8_4

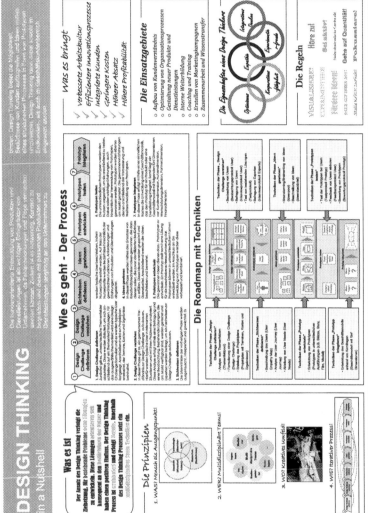

**Abb. 4.1** Design Thinking in a Nutshell

# Was Sie aus diesem *essential* mitnehmen können

- Unterstützung für den Einsatz von Design Thinking im Unternehmen durch den Einsatz einer kompakten Roadmap mit sieben Phasen
- Praxistaugliche Aktivitäten und Instrumente je Phase, die durch Beispiele veranschaulicht sind
- Festlegen des Scopes und planen des Projekts in der ersten Phase: Design Challenge definieren
- Gewinnen von Informationen und Aufbau von Expertenwissen in der zweiten Phase: Design Challenge verstehen
- Entwickeln eines einheitlichen Bildes und somit eines gemeinsamen Verständnisses in der dritten Phase: Sichtweisen definieren.
- Ableiten von Lösungsansätzen und deren Bewertung in der vierten Phase: Ideen gewinnen
- Visualisieren von Lösungen und diese greifbar machen in der fünften Phase: Prototypen entwickeln
- Ableiten von Möglichkeiten zur Verbesserung in der sechsten Phase: Prototypen testen
- Entwickeln eines Geschäftsmodells für die Lösungen in Phase sieben: Prototypen integrieren.

© Springer Fachmedien Wiesbaden GmbH, ein Teil von Springer Nature 2018    51
D. R. A. Schallmo, *Jetzt Design Thinking anwenden,* essentials,
https://doi.org/10.1007/978-3-658-22077-8

# Literatur

BMWi. (2011). http://www.bmwi.de/BMWi/Navigation/Technologie-und-Innovation/Technologiepolitik/schluesseltechnologien.html. Zugegriffen: 31. Dez. 2011.

Brown, T. (2008). Design thinking. *Harvard Business Review, 86,* 84–92.

Brown, T. (2009). *Change by design.* New York: Harper Business.

Curedale, R. (2013). *Design thinking.* Topanga: Design Community College.

d.school. (2010). *Bootcamp bootleg.* Stanford: Hasso Plattner Institute of Design.

DPMA. (2011). http://register.dpma.de/DPMAregister/Uebersicht. Zugegriffen: 10. Dez. 2011.

Duden. (2015). www.duden.de. Zugegriffen: 22. Mai 2015.

Engeln, W. (2006). *Methoden der Produktentwicklung.* München: Oldenbourg.

Forrester. (2012). http://www.forrester.com/home#/aboutus. Zugegriffen: 28. März 2012.

Fraunhofer. (2012). http://www.iao.fraunhofer.de/lang-de/geschaeftsfelder/tim.html. Zugegriffen: 6. Febr. 2012.

Gartner. (2012). http://www.gartner.com/technology/research.jsp. Zugegriffen: 28. März 2012.

Gassmann, O., & Sutter, P. (2008). *Praxiswissen Innovationsmanagement: Von der Idee zum Markterfolg.* München: Hanser.

Gray, D., Brown, S., & Macanufo, J. (2010). *Gamestorming: A playbook for innovators, rulebreakers, and changemakers.* Sebastopol: O'Reilly.

Ideo. (2012a). *Design thinking for educators.* New York: Ideo.

Ideo. (2012b). *Designer's workbook.* New York: Ideo.

Ideo. (2015a). http://www.ideo.com/work/contour-usb/. Zugegriffen: 22. Mai 2015.

Ideo. (2015b). http://www.ideo.com/work/smartphone-charging-handbag-design. Zugegriffen: 22. Mai 2015.

Kramer, J. (2015). http://www.relevanter.com/. Zugegriffen: 22. Mai 2015.

Liedtka, J., & Ogilvie, T. (2011). *Designing for growth.* New York: Columbia Business School.

MIT. (2011). http://www.technologyreview.com/emtech/11/index.aspx. Zugegriffen: 23. Dez. 2011.

Muther, A. (2001). *Electronic Customer Care: Die Anbieter-Kunden-Beziehung im Informationszeitalter.* Berlin: Springer.

Plattner, H., Meinel, C., & Weinberg, U. (2009). *Design Thinking. Innovation lernen, Ideenwelten öffnen.* München: Mi-Wirtschaftsbuch.

© Springer Fachmedien Wiesbaden GmbH, ein Teil von Springer Nature 2018
D. R. A. Schallmo, *Jetzt Design Thinking anwenden,* essentials,
https://doi.org/10.1007/978-3-658-22077-8

Schallmo, D. (2013). *Geschäftsmodell-Innovation. Grundlagen, bestehende Ansätze, methodisches Vorgehen und B2B-Geschäftsmodelle*. Wiesbaden: Springer.

Schallmo, D. (2017). *Design Thinking erfolgreich anwenden: So entwickeln Sie in 7 Phasen kundenorientierte Produkte und Dienstleistungen* (1. Aufl.). Wiesbaden: Springer.

Siemens. (2012). http://www.siemens.com/innovation/de/publikationen/index.htm. Zugegriffen: 6. Jan. 2012.

Steiner, G. (2007). Kreativitätsmanagement: Durch Kreativität zur Innovation. In H. Strebel (Hrsg.), *Innovations- und Technologiemanagement*. Stuttgart: UTB.

Stickdorn, M., & Schneider, J. (2014). *This is service design thinking*. Amsterdam: BIS.

Stummer, C., Günther, M., & Köck, A. M. (2008). *Grundzüge des Innovations- und Technologiemanagements* (2. Aufl.). Wien: Facultas.

Vahs, D., & Burmester, R. (2005). *Innovationsmanagement. Von der Produktidee zur erfolgreichen Vermarktung* (3. Aufl.). Stuttgart: Schäffer-Poeschel.

Weinberg, U. (2012). Vortrag zum Thema Design Thinking. https://www.youtube.com/watch?v=WDCZ8u6YZ6I. Zugegriffen: 22. Mai 2015.

Printed in the United States
By Bookmasters